KB265992

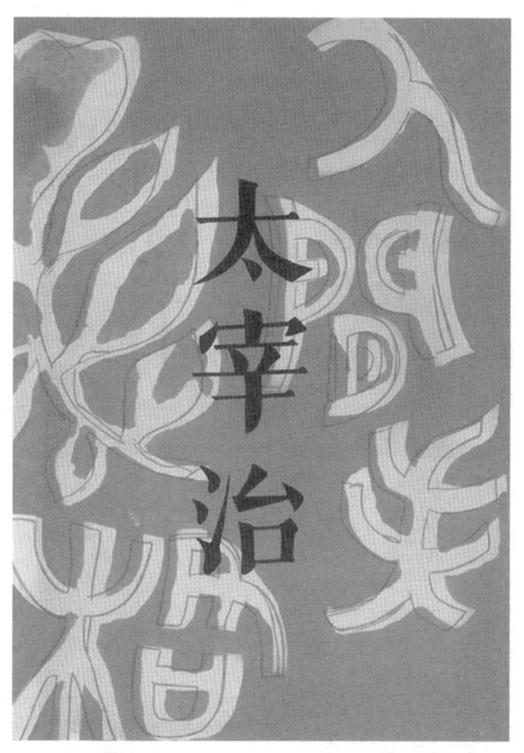

다자이 오사무의 대표작인 『인간 실격』 초판 표지. 『인간 실격』은 다자이가 1948년 3월에 쓰기 시작해 5월 12일에 탈고했으며, 잡지 〈덴보〉 6, 7, 8월호에 발표되었다.

1940년 봄 미타카의 집 베란다에서

1923년 형제들과 함께한 다자이 오사무(위 오른쪽).
아래 왼쪽부터 셋째 형, 큰형, 둘째 형, 다자이 오른쪽이 동생 레이지

1946년 도쿄 긴자의 바 '뤼팽(Lupin)'에서
사진작가 하야시 다다히코(林忠彦)가 촬영한 다자이 오사무

1948년의 다자이 오사무

1948년 4월 미타카 자택에서 두 아이와 함께한 다자이 오사무

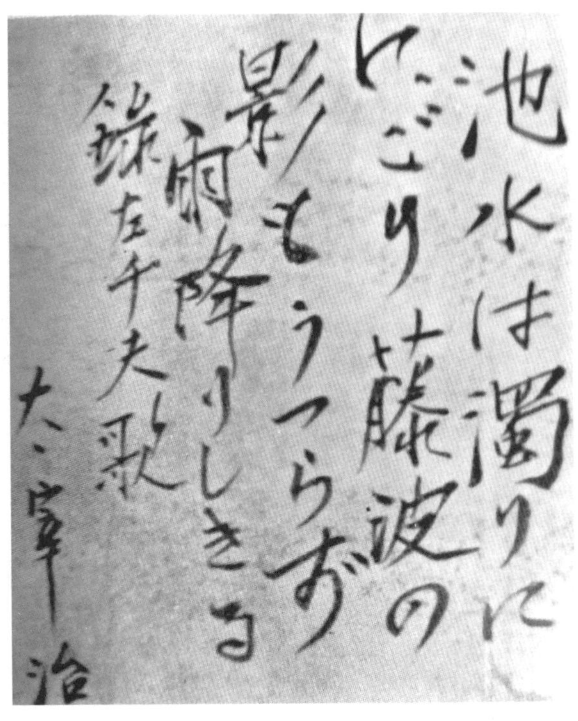

다자이 오사무가 자살하기 이틀 전인 6월 11일 친구 이마 하루베에게 남긴 색지.
"못물은 탁하게 흐려 등꽃 물결 비치지 못하건만 비까지 하염없이 내리누나"라는
이토 사치오의 단카(1901년)를 적은 유서와 같은 글로, 못물 안쪽의 아름다움인
작자의 시상(등꽃 물결)은 작품화하지도 못하는데(비치지도 못하건만)
거기에 희망까지 앗아가는 안타까운 심정(비까지 하염없이 내리누나)을 그렸다.

다자이 오사무 묘지(도쿄 미타카 젠린지)

인간 실격

인간 실격

다자이 오사무 · 김용안 옮김

人間失格

太宰治

시간과공간사

일러두기

* 이 책의 원전은 『太宰治全集』(筑摩書房, 1986)입니다. 「인간실격」은 제9권, 「후지산 백경」은 제2권, 「한량」과 「의리」는 제6권 수록본을 바탕으로 삼았습니다.
* 본문의 각주는 모두 옮긴이가 정리했습니다.
* 본문 시제는 원서에 따라 번역했습니다.

차례

인간 실격
人間失格

서문

나는 그 남자의 사진을 석 장 본 적이 있다.

한 장은 그 남자의 유년 시절이라고 할 만한 것일까? 그 아이가 열 살 전후쯤으로 추정될 무렵의 사진인데, 정원의 연못가에서 많은 여자에게 둘러싸인 채(그것은 그 아이의 누나, 동생, 조카들로 보인다)* 거칠게 주름 잡힌 하카마**를 입고 고개를 왼쪽으로 30도쯤 갸우뚱한 채 역겹게 미소 짓고 있다. 역겹게? 하지만 둔감한 사람들(즉, 용모 따위에 관심이 없는 사람들)은 흥미롭게도 아무렇지 않은 듯한 표정을 지으며

"귀여운 도련님이네요"

라고 적당히 추어주더라도 딱히 발림 말로 들리지는 않을 정도의 이른바 통속적인 '귀여움 같은' 모습조차 그 아이의 미소 띤 얼굴에 없는 것은 아니다. 그러나 조금이라도 아름다움과 추함

---

* 소설 원본에 괄호로 되어 있으며 이하 그대로 살린다.

** 袴: 기능성과 우아함을 아울러 갖추어 졸업식 등의 예복으로 이용되는 기모노의 일종.

을 훈련해 온 사람이라면 척 봐서 대번에

　"참 섬뜩한 아이군"

하고 몹시 불쾌한 듯 구시렁거리며 벌레라도 털어낼 때의 손놀림으로 그 사진을 팽개쳐버릴지도 모른다.

　참말로 그 아이의 미소 띤 얼굴은 뜯어보면 볼수록 정체를 알 수 없는 혐오스러움과 징그러움이 느껴져 온다. 뭐야? 이건 웃는 얼굴이 아니군. 이 아이는 전혀 웃고 있지 않아. 그 증거로 이 아이는 두 손 다 주먹을 불끈 쥐고 서 있어. 사람이란 주먹을 불끈 쥐고 웃을 수 있는 존재는 아니야. 원숭이다. 원숭이가 웃는 얼굴이야. 단지 얼굴에는 밉살스러운 주름이 잡혀 있을 뿐이야. '쭈글쭈글 도련님'이라고 표현하고 싶어질 정도로 참 기묘하고 비열하여 이상하게 사람을 화나게 하는 표정이 담긴 사진이었다. 이런 불가사의한 표정을 한 아이를 본 적은 한 번도 없었다.

　두 번째 사진의 얼굴 또한 소스라치게 놀랄 정도로 확 바뀌었다. 학생 모습이다. 고등학교 때 사진인지 대학교 때 사진인지 분명하지 않지만 어쨌든 용모가 섬찟하게 느껴지는 학생이다. 그러나 이것 역시 이상하게도 살아 있는 인간의 느낌은 들지 않았다. 교복을 입었는데 가슴 언저리의 주머니에는 하얀 손수건이 살짝 드러나 있고, 등나무 의자에 걸터앉아 다리를 꼬고는 역시 히죽거리고 있다. 이번에 웃는 얼굴은 주름투성이 원숭이 얼굴이 아니라 아주 교묘한 미소를 띠고 있기는 하지만 인

----

* 　일본에서 원숭이는 볼품없는 외모의 대명사이다.

간의 미소와는 어딘가 이질적이다. 피의 무게라고나 할까? 삶의 쓴맛이라고 해야 할까? 그런 유형의 충실감은 추호도 없고 그거야말로 새의 느낌보다는 깃털처럼 가벼운데다 단지 백지 한 장처럼 그렇게 웃고 있다. 즉 1부터 10까지 조작한 물건 같은 느낌이다. 같잖다고 하더라도 부족하다. 경박하다고 해도 부족하다. 남자답지 않게 아양을 떤다고 해도 부족하다. 멋지다고 해도 물론 부족하다. 게다가 찬찬히 뜯어보니 역시 이 미모의 학생에게도 어딘가 괴담처럼 꺼림칙함이 느껴져 온다. 나는 이제까지 이런 이상한 미모의 청년을 본 적이 한 번도 없었다.

또 다른 한 장은 가장 해괴한 것이다. 이제는 나이조차 전혀 알 수 없다. 머리는 얼마간 백발인 듯하다. 그것이 상당히 지저분한 방(방의 벽이 세 군데 정도 허물어져 내린 것이 그 사진에 분명하게 찍혀 있다) 구석에서 작은 화롯불을 양손으로 쬐고 있는데 이번에는 웃고 있지 않다. 어떤 표정도 없다. 앉아서 화롯불을 쬐며 자연사한 듯한, 참으로 꺼림칙하고 불길한 예감이 들었다. 기묘한 것은 그것뿐이 아니다. 그 사진에는 얼굴이 크게 나왔으므로 그 얼굴의 구조를 꼼꼼하게 살펴볼 수 있었지만 이마도 평범하고 눈썹도 평범하고 눈도 평범하고 코도 얼굴도 턱도 아, 이 얼굴에는 표정이 없을 뿐 아니라 인상조차 없다. 특징이 없다. 가령 내가 이 사진을 보다가 눈을 감는다. 이미 나는 이 얼굴을 잊어버린다. 방의 벽이나 작은 화롯불은 기억해 낼 수 있어도 그 방 주인공 얼굴의 인상은 안개처럼 사라져 도저히 기억해 낼 수 없다. 그림으로 그릴 수 없는 얼굴이다. 만화로도 묘사가 안 되는 얼굴이다. 눈을 뜬다. 아, 이런 얼굴이었을까? 기억났다는 기쁨마저 없다. 극단적으로 말하면 눈을 부릅뜨고 그 사진을 다시 봐도 재생해 낼 수 없다. 그래서 단지 이미 불쾌하고 초조해서 엉겁결에 외면하고 싶어진다.

말하자면 '시체의 얼굴'이라는 것조차 확실하게 뭔가 표정이든 인상이든 있을 터인데, 인간의 몸에 말의 머리라도 얹어 붙이면 이런 느낌이 날까? 어쨌든 어딘지 모르게 보는 사람을 오싹하게 만들고 구역질 나게 한다. 나는 이제까지 이런 이상한 남자의 상판을 본 적이 한 번도 없었다.

제1의 수기

부끄럼 많은 생애를 보내왔습니다.

나로서는 인간 생활이라는 것이 짐작되지 않습니다. 나는 도호쿠 지방*의 시골에서 태어났으므로 기차를 처음 본 것은 상당히 성장하고 나서였습니다. 나는 정거장의 육교를 오르내렸지만 그것이 선로를 가로질러 넘어가려고 만들어진 것이라는 사실을 전혀 깨닫지 못했습니다. 단지 그것이 정류장의 구내를 외국의 유원지처럼 복잡하고도 즐겁게 그리고 세련되게 보이게 하려고 만들어진 것이라고 한결같이 생각하고 있었습니다. 게다가 상당히 오랫동안 그렇게 생각하고 있었습니다. 다리를 오르고 내리는 것은 나에게는 오히려 꽤 멋스러운 놀이로 그것은 철도의 서비스 가운데에서도 가장 세련된 서비스라고 생각하고 있었는데, 나중에 그것이 단지 승객이 선로를 가로질러 넘어가기 위한 상당히 실리적인 계단에 지나지 않는다는 것을 발견하

---

* 네 개의 큰 섬으로 이루어진 일본열도 중 가장 큰 혼슈의 동북쪽 지방.

고 갑자기 흥이 산산조각 나고 말았습니다.

또 나는 어렸을 때 그림책에서 지하철도라는 것을 보고 이것도 역시 실리적 필요에서 고안된 것이 아니라 지상의 차를 타기보다는 지하의 차를 타는 편이 훨씬 기발하고 재미있는 놀이이기 때문이라고만 생각하고 있었습니다.

나는 어린 시절부터 병약해서 자주 잠들곤 했는데 자면서 욧잇이라든가 베갯잇, 이불잇을 찬찬히 곱씹어보며 볼품없는 장식으로 여겼는데 그것이 의외로 실용품이라는 사실을 스무 살 가까이 되어서야 알았고 인간의 알뜰함에 정신이 아찔하고 서글펐습니다.

또한 나는 배고픔이라는 것을 몰랐습니다. 아니 그것은 내가 의식주 걱정이 없는 집에서 자랐다는 뜻이나 그런 부질없는 의미가 아니라 '공복'이라는 감각이 어떤 것인지를 전혀 몰랐던 것입니다. 이상한 이야기처럼 들리겠지만 배가 고파도 스스로 그것을 인식하지 못했습니다. 초등학교, 중학교, 내가 학교에 다녀오면 주위 사람들이 그래, 배고프지? 나도 기억나. 학교에 다녀왔을 때 배고픔이 너무 심하기 때문이지. 아마낫토*는 어때? 카스텔라도 있고 빵도 있어 하며 떠들어대므로 나는 전매특허인 아부 근성을 발휘하여 배가 고프다고 중얼거리며 아마낫토를 10알 정도 입안에 털어 넣었지만, 공복감이란 무엇인지 조금도 몰랐던 것입니다.

나도 물론 많이 먹기는 하지만 공복감으로 배를 채운 기억은

---

* 甘納豆: 설탕에 잰 콩이나 화과자의 일종.

거의 없습니다. 특이하다고 생각되는 것을 먹습니다. 호화롭다고 생각되는 것을 먹습니다. 다른 곳에 가서 나오는 요리도 무리해서까지 대개 먹습니다. 그래서 어렸을 적 나에게 가장 고통스러운 시간은 실로 우리 집 식사 시간이었습니다.

우리 시골집에서는 10명 정도 되는 가족이 모두 각각의 상을 받고는 두 줄로 마주 보고 나란히 앉았습니다. 막내인 나는 가장 끝자리였는데 식사하는 방은 약간 어둑했고 점심때는 10명 남짓의 가족이 대개 잠자코 식사하는 모습에서 나는 왠지 항상 오싹함을 느꼈습니다. 게다가 옛날 기풍의 가족 분위기인 데다가 반찬도 으레 정해져 있었으므로 진귀한 것, 호화로운 것은 바랄 수도 없었기에 급기야 나는 식사 시간이 두려워졌습니다. 나는 어둑한 방의 맨 끝자리에서 추위에 바들바들 떠는 느낌으로 입에 밥을 조금씩 옮겨서 밀어 넣으며 인간은 어째서 하루에 꼬박 세 끼씩 밥을 먹는 것일까? 참으로 모두 엄숙한 표정으로 먹고 있다. 이것도 일종의 의식과 같은 것으로 가족이 하루에 세 번 시간을 정해 음침한 방에 모여서 상을 순서대로 가지런히 정렬하여 먹고 싶지 않아도 말없이 고개를 숙이고는 밥을 씹으면서 온 집 안에 꿈틀거리는 영혼들에게 기도를 올리는 행위인지도 모른다고까지 생각했던 적이 있을 정도였습니다.

밥을 먹지 않으면 죽는다는 말은 내 귀에는 단지 혐오스러운 협박으로밖에는 들리지 않았습니다. 그 미신은(언제까지고 나에게는 뭔가 무의식적으로 미신처럼 느껴집니다만) 그러나 끊임없이 나에게 불안과 공포를 안겼습니다. 인간은 밥을 먹지 않으면 죽으니까 그 때문에 일하고 밥을 먹지 않으면 안 된다는 말만큼 자신에게 난해하고 막연한 데다 협박성의 울림을 느끼게 하는 말은 없었습니다.

요컨대 나에게는 인간의 삶이라는 것을 여전히 전혀 이해할 수 없다는 사태가 될 듯합니다. 나의 행복이라는 관념과 세상 모든 사람의 행복이라는 관념이 마치 모순이 있는 것 같은 불안, 나는 그 불안 때문에 밤마다 잠자리에서 전전긍긍하며 발광하기 직전까지 갔던 일조차 있습니다. 나는 과연 행복한 것일까요? 나는 어렸을 적부터 자주 행복한 사람이라는 말을 들었지만 스스로는 항상 지옥이라는 생각으로 오히려 나를 행복한 사람이라고 말한 사람들 쪽이 비교도 안 될 정도로 훨씬 더 안락한 것처럼 나에게는 보이는 것이었습니다.

나에게는 골칫거리가 열 개 있는데 그 가운데 한 개라도 이웃이 짊어지면 그 한 개만으로도 이웃의 생명을 깡그리 앗아가는 것이 아닐까 하고 생각한 적까지 있었습니다.

즉 잘 모르겠습니다. 이웃이 겪는 고통의 내용과 정도를 전혀 짐작할 수 없는 것입니다. 실용적인 고통, 다만 밥을 먹을 수 있다면 그것으로 해결할 수 있는 고통. 그러나 그것이야말로 가장 참을 수 없는 심한 고통으로, 자신의 그 골칫거리 열 개 따위는 날려버릴 정도의 처참한 아비규환인지도 모른다. 그것은 잘 모르겠다. 그러나 그것 치고는 용케 자살도 하지 않고 발광도 하지 않고 정당을 논하고, 절망도 하지 않고 굴하지도 않고 생활의 싸움을 계속할 수 있다. 그것은 고통이 아니지 않은가? 완전한 에고이스트가 되고 더구나 그것을 당연한 일로 확신하고 한 번도 자신을 의심해 본 적이 없지 않은가? 그렇다면 편하다. 그러나 인간이라는 존재는 모두 그런 것으로 또한 그것으로 만점이 아닐까? 잘 모르겠다. …… 밤에는 푹 자고 아침에는 상쾌할까? 어떤 꿈을 꾸고 있는 것일까? 길을 걸으면서 무슨 생각을 하는 것일까? 돈? 설마 그것만도 아닐 것이다. 인간은 밥을 먹기 위해서 사는 것이라는 설은 들은 적이 있는 것 같은 느낌이 들지만 돈을 위해서 산다는 말은 들은 적이 없다. 아니, 그러나 경우에 따라서는, …… 아니, 그것도 모르겠다. …… 생각하면 할수록 나로서는 미궁으로 빠지게 되고 나 혼자 완전히 이상한 존재처럼 불안과 공포가 엄습해 올 뿐입니다. 나는 이웃과 거의 대화가 불가능합니다. 무엇을 어떻게 말하면 좋을지 잘 모르겠습니다.

그래서 생각해 낸 것이 바로 익살 연기*였습니다.

그것은 나의 인간에 대한 마지막 구애였습니다. 나는 인간을 몹시 두려워하면서도 도저히 단념할 수는 없었던 것 같습니다. 그래서 나는 익살 연기를 함으로써 가까스로 인간과 연결이 가능했던 것입니다. 겉으로는 끝없이 웃음 띤 표정을 지으면서도 속마음은 필사적인 그것이야말로 천 번에 한 번 성공할까 말까 한 위기일발의 비지땀 나는 서비스였습니다.

나는 어렸을 적부터 우리 가족까지 그들이 어떻게 괴로워하고 또한 어떤 일을 생각하며 살아가는지 전혀 짐작이 가지 않지만 두렵고 그 거북함을 참을 수 없어 이미 익살 연기에 솜씨

<hr>

* 　道化: '광대짓'으로 번역하면 요조의 내면을 반영하기에 함량 미달이고 '피에로의 몸개그'는 무대 위의 캐릭터를 연상시킨다. 내면의 어둠을 감추는 생존전략의 연기이므로 '페르소나 연기'라는 번역이 합당하지만 이 말은 보편적이지 않으므로 그런 취지를 담아 '가면 익살 연기'로 번역하려니 너무 길어서 모두 '익살 연기'로 번역한다.

가 붙게 된 것입니다. 즉 나는 어느 틈엔가 한마디도 진담을 하지 않는 아이가 되어 있었던 것입니다.

그 무렵 가족과 함께 찍은 사진 등을 보면 다른 사람들은 모두 진솔한 표정을 짓고 있는데 나 혼자서만 언제나 기묘하게 얼굴을 일그러뜨리며 히죽거리고 있었습니다. 이것 또한 유치하고 슬픈 익살 연기의 일종이었습니다.

또한 나는 가족에게 무슨 말인가를 듣고 말대답을 한 적이 한 번도 없었습니다. 그 별거 아닌 잔소리가 나에게는 청천벽력처럼 가혹하게 느껴지는 바람에 미칠 지경이 되어 말대답은커녕 그 잔소리야말로 이른바 영원한 인간의 진리라든가 하는 존재나 다름없다. 나에게는 그 진리를 실행할 힘이 없으므로 더는 인간과 함께 살 수 없는 것은 아닐까 하고 믿어버리는 것이었습니다. 그러므로 나로서는 언쟁도 자기변호도 할 수 없었습니다. 다른 사람에게서 나쁜 말을 들으면 아무래도 자신이 정말 엄청난 착각을 했다는 느낌이 들어서 항상 그 공격을 말없이 받고는 내심 미칠 정도의 공포를 느꼈습니다.

누구라도 다른 사람이 자신을 비난하거나 자신에게 화를 낸다면 기분이 좋을 리는 없겠지만 나는 화내는 인간의 얼굴에서 사자보다도 악어보다도 용보다도 더 소름 끼치는 동물의 본성을 봅니다. 보통은 그 본성을 숨기고 있는 것 같아도 어떤 기회에, 가령 소가 초원에서 편안한 모습으로 잠들어 있다가 갑자기 꼬리로 탁 하고 배에 달라붙은 등에를 때려죽이는 것처럼 느닷없이 인간의 끔찍한 정체를 분노로 표출하는 모습을 보고 나는 항상 머리카락이 곤두설 정도의 전율을 느끼고 이 본성도 인간이 살아가는 자격의 하나인지도 모른다고 생각하면 으레 나 자신에게 절망을 느끼는 것이었습니다.

인간에 대해 항상 공포에 전율하고 또한 인간으로서 자기 언동에 조금도 자신을 가질 수 없어서 자신만의 번민은 가슴속 작은 상자에 감춰두고 그 우울과 신경질을 완벽하게 숨긴 채 오로지 순진무구한 낙천성을 가장하고 자신은 익살 연기를 일 삼는 별난 사람으로 서서히 완성되어 갔습니다.

뭐든지 괜찮으니까 웃겨주면 그것으로 충분하다. 그렇게 하 면 인간들은 그들이 말하는 '생활'의 밖에 내가 존재하더라도 그다지 신경 쓰지 않는 것은 아닐까? 어쨌든 그 인간들의 눈에 거슬려서는 안 된다. 자신은 없는 것이다. 바람이다, 하늘이다 하는 생각만이 가중되고 자신은 익살 연기로 가족을 웃기고 또 한 가족보다 더 이해하기 어렵고 두려운 머슴이나 하녀에게까 지 필사적으로 익살 연기 서비스를 했던 것입니다.

나는 여름에 유카타˚ 속에 빨간 털실로 짠 스웨터를 입고 복 도를 걸으며 집안사람들의 배꼽을 쥐게 했습니다.

좀처럼 웃지 않는 큰형도 그것을 보고 웃음을 터뜨리고는
"그건 너에게 어울리지 않아"
라고 귀여워죽겠다는 투로 말했습니다. 뭐 나라고 한여름에 털 실로 짠 옷을 입고 걸을 만큼 더위, 추위를 모르는 막무가내의 이상한 아이는 아닙니다. 누나의 레깅스를 양팔에 끼고 유카타 의 소맷부리로 들여다보이게 한 다음 거기에 스웨터를 입은 것

˚ 浴衣: 목욕한 다음에 입는 무명 홑옷으로 입기 편해서 여름에 마츠리나 불꽃놀이에 애용한다.

처럼 보이게 하려고 했던 것입니다.

우리 아버지는 도쿄에 볼일이 많은 사람이었으므로 우에노 사쿠라기초에 별장이 있어서 한 달의 반은 도쿄의 별장에서 살았습니다. 그리고 귀향할 때는 가족과 친척들에게까지 실로 엄청난 선물을 사 오는 것이 그저 아버지의 취미 같은 것이었습니다. 언젠가 아버지가 상경하기 전날 밤 아버지는 아이들을 객실로 불러서 이번에 돌아올 때는 어떤 선물이 좋을지 한 사람 한 사람에게 미소 띤 표정으로 묻고는 그에 대한 아이들의 대답을 일일이 수첩에 적어두는 것이었습니다. 아버지가 이렇게 아이들과 친하게 지내는 것은 드문 일이었습니다.

"요조는?"

이라는 말을 듣고 나는 입을 다물고 말았습니다.

뭐가 갖고 싶냐는 질문을 받는 순간에는 아무것도 갖고 싶은 것이 없어졌습니다. 아무래도 상관없다. 어차피 나를 즐겁게 해 주는 것 따위는 없다는 생각이 불현듯 들었던 것입니다. 동시에 타인으로부터 받은 것은 아무리 내 취향에 맞지 않아도 거부할 수 없었습니다. 싫은 것을 싫다고 말할 수 없고 또한 좋아하는 것조차 주뼛주뼛 후무리듯 매우 쓰리게 경험하고 결국 말로 표현하기 어려운 공포감에 몸서리치는 것이었습니다. 한마디로 나에게는 양자택일의 능력마저 없었던 것입니다. 이것이 나이가 들어서야 비로소 이른바 '부끄럼 많은 한평생'의 중대한 원인도 되는 고질적 성격의 하나였던 것처럼 생각됩니다.

내가 말도 없이 꾸물거리니 아버지는 약간 언짢은 표정으로

"역시 책이냐? 아사쿠사의 나카미세*에 정월 사자춤의 사자가 있던데, 아이들이 뒤집어쓰고 놀기에는 크기가 알맞은 물건을 팔더라고. 갖고 싶지 않아?"

갖고 싶지 않아?라는 말을 듣게 되면 이미 상황 끝입니다. 익살스러운 대답도 물 건너간 것입니다. 익살꾼은 완전히 수준 미달이었습니다.

"책이 좋겠지요?"

큰형이 진지한 표정으로 말했습니다.

"그래?"

아버지는 흥이 깨진 표정으로 수첩에 적지도 않은 채 탁 하고 수첩을 덮었습니다.

말도 안 되는 실패로 나는 아버지를 화나게 했고 틀림없이 아버지의 끔찍한 보복이 뻔하다. 당장이라도 뭔가 만회할 수는 없는 것인가? 했던 그날 밤 이불 속에서 파들파들 떨며 생각하다가 살그머니 일어나 객실로 가서 아버지가 조금 전에 넣어 두었을 책상 서랍의 수첩을 꺼내서 사락사락 페이지를 넘기다가 선물 주문을 적어둔 곳을 발견하고 수첩 연필에 침을 발라서 사자춤이라고 써두고 잠들었습니다. 나는 그 사자춤의 사자를 털끝만큼도 갖고 싶지 않았습니다. 오히려 책이 훨씬 갖고 싶었을 정도였습니다. 하지만 나는 아버지가 그 사자를 사주고 싶어 한다는 것을 알아채고 아버지의 그 뜻에 영합하여 오로지 아버지의 비위를 맞추고 싶다는 일념으로 심야에 객실로 숨어드

* 仲店: 아사쿠사의 관문인 가미나리 문에서 본당까지 250미터쯤 양쪽으로 늘어선 상점가. 원래 仲見世라고 표기하는 것이 보편적이다.

는 모험을 감행했던 것이었습니다.

그리하여 이 자신의 비상 수단은 과연 생각대로 대성공으로 보답받았습니다. 이윽고 아버지가 도쿄에서 돌아와 어머니에게 큰 소리로 말하는 것을 나는 어린이 방에서 들었습니다.

"나카미세의 장난감 가게에서 이 수첩을 열어보니 이것 봐. 여기에 사자춤이라고 쓰여 있더라고. 이것은 내 글씨가 아니야. 어라? 하고 고개를 갸우뚱하다가 생각이 났어요. 이건 요조의 장난이에요. 저놈은 내가 물어봤을 때는 히죽거리며 말도 안 하더니 나중에 아무래도 사자춤이 갖고 싶어 견딜 수 없었는지 말야. 암튼 저 녀석은 이상한 놈이니 말이야. 시치미를 떼더니만 정확하게 써놓았더라고. 그토록 갖고 싶었다면 갖고 싶다고 말하면 좋았을 것을. 나는 장난감 가게 앞에서 그만 실소하고 말았어요. 요조를 빨리 불러와요."

또 나는 머슴이나 하녀들을 서양식 방에 모아서 머슴 한 명에게 다짜고짜 피아노의 건반을 두들기게 하고(시골이기는 했습니다만 그 집에는 대개의 물건이 갖추어져 있었습니다) 나는 그 당치도 않은 곡에 맞춰서 인디언 춤을 춰 보이며 모두 함박웃음을 웃게 했습니다. 둘째 형이 플래시를 터뜨리며 나의 인디언 춤을 촬영했는데, 그 사진이 나온 것을 보니 허리춤에 두른 옷감(그것은 사라사*로 만든 보자기였습니다) 이음매를 통해 작은 고추가 삐져나오는 바람에 이것이 또한 온 집안사람들을 박장대소하게 했습니다. 내게는 이것 또한 의외의 성공이라 할 만한 것이었는

---

* 更紗: 다양한 색깔과 문양이 있는 면 소재 옷감.

지도 모르겠습니다.

나는 매월 신간 소년잡지를 10권 이상이나 구독했고 그 외에 또 각종 책을 도쿄에서 주문해서 묵묵히 읽고 있었으므로 엉터리박사*나 또한 난자몬자박사** 등은 매우 낯익었고 괴담, 강담,*** 라쿠고,**** 에도의 고바나시***** 같은 것도 훤히 꿰뚫고 있었으므로 진지한 표정으로 가볍고 익살스러운 말을 하는 바람에 집안 식구들을 웃기는 데에는 부족함이 없었습니다.

그러나 아, 학교!

나는 그곳에서는 존경받기 시작하게 된 것입니다. 존경받는다는 관념도 또한 상당히 자신을 전율케 했습니다. 거의 완벽에 가까울 정도로 다른 사람을 속이다가 어떤 전지전능한 녀석에게 들통이 나는 바람에 처절하게 망가지고 죽음보다 더 무서운 치욕을 당하고 말았다. 이것이 '존경받는다'는 상태에 대한 스스로의 정의였습니다. 인간을 속이고 '존경받더라도' 누군가 한 사람은 알고 있다. 그리고 인간들도 이윽고 그 한 사람이 알려주는 바람에 속은 것을 알아차렸을 때, 그때 인간들의 분노, 복수는 도대체 어떤 것일까요? 상상만으로 모골이 송연해지는 느낌입니다.

---

*   월간 잡지 『소년 구락부』에 등장하는 인물.

**   만화 동화에 나오는 기상천외한 모험을 즐기는 인물.

***   講談: 역사 속 위인이나 장수 등에 얽힌 이야기를 탁자에 앉아 청중에게 들려주는 전통 예능의 일종.

****   落語: 부채나 손수건 등 간단한 소도구를 가지고 손놀림 등의 연기와 말로 청중의 상상력을 자극하는 익살 이야기. 마지막에는 '오치'라 부르는 반전이 있다.

*****   江戶小咄: 에도시대에 유행한 짧은 익살 이야기. 라쿠고의 원형으로도 알려져 있다.

나는 부잣집에서 태어났다는 사실보다도 일반적으로 말하는 '능력이 있다'는 사실로 학교의 모든 사람에게서 존경받을 수 있을 것 같았습니다. 나는 어렸을 적부터 병약해서 자주 한두 달 그리고 한 학년 가까이 드러누워서 쉰 적까지 있었습니다만 그래도 병을 딛고 막 일어난 몸으로 인력거를 타고 학교로 가서 학년말 시험을 치르면 학급에서 그 누구보다도 잘나갔습니다. 컨디션이 좋을 때도 나는 열심히 공부하지 않고 학교에 가더라도 수업 시간에 만화 따위를 그리고는 쉬는 시간에는 그것을 학급 친구들에게 설명해서 들려주고 웃음바다로 만들었습니다. 또한 습자 시간에는 골계 이야기만 썼고 선생님께 주의를 들어도 그것을 멈출 수 없었습니다. 선생님이 실은 비밀리에 그 골계 이야기의 다음을 궁금해하고 있다는 사실을 꿰고 있었기 때문입니다. 어느 날 나는 늘 하던 대로 어머니를 따라서 상경 열차 안에서 객차의 통로에 있는 가래침 항아리에 소변을 보고 만 실패담(그러나 그 상경 때에 그 가래침 항아리를 몰랐던 것은 아니었습니다. 어린이의 천진함을 가장해서 일부러 그렇게 한 것입니다)을 특히 슬픈 듯한 필치로 써서 제출하고 선생님이 틀림없이 배꼽을 쥘 거라는 자신이 있었으므로 교무실로 돌아가는 선생님의 뒤를 밟아 살짝 따라갔습니다. 선생님이 교실을 나서자마자 내 작문 노트를 학급의 다른 학생들의 작문 노트 중에서 꺼내 복도를 걸으며 읽기 시작하더니 쿡쿡 웃으면서 이윽고 읽기를 끝냈는지 교무실에 들어가서는 얼굴이 새빨개지며 폭소를 터뜨리고는 다른 선생님에게 재빨리 그것을 읽게 하는 것을 보고 나는 쾌재를 부르면서 만족했던 것입니다.

장난꾸러기.

나는 이른바 장난꾸러기로 보이는 일에 성공했습니다. 존경받는 일에서 벗어나는 데 성공했습니다. 생활 통지표에는 전 과목 모두 10점이었지만 품행 과목만은 7점이었거나 6점이었거나 해서 그것 또한 온 집안을 웃음바다로 만드는 씨앗이었습니다.

하지만 나의 본성은 그런 장난꾸러기 따위와는 전혀 상반된 존재였습니다. 그 무렵 나는 식모나 머슴으로부터 뼈아픈 일을 배우고 당하고 말았습니다.[*]

유소년 아이에게 그와 같은 행위를 하는 것은 범죄 가운데에서 가장 추악하고 저급한 것으로 잔혹한 범죄라는 사실을 나는 지금은 느끼고 있습니다. 그러나 나는 참았습니다. 이것으로 또 하나 인간의 특질을 보았다는 느낌마저 드는 바람에 무기력하게 웃고 있었습니다. 혹시 나에게 진실을 말하는 습관이 있었다면 주눅 들지 않고 그들의 범죄를 아버지나 어머니에게 호소했을지도 모르겠습니다만 그러나 나는 그 아버지와 어머니조차도 전부는 이해할 수 없었습니다. 아버지에게 호소해 봤자 어머니에게 호소해 봤자 경찰에게 호소해 봤자 정부에 호소해 봤자 결국 처세술이 강한 사람, 세상에 잘 통하는 사람의 변명으로 휘둘릴 뿐 아닐까요?

틀림없이 편파적이라는 것을 너무나도 잘 알고 있는 데다 이른바 인간에게 호소하는 것은 부질없는 일이라는 것, 나는 역시 진실은 아무것도 말하지 않고 남몰래 이렇게 익살 연기를

* 직접 언급은 하지 않지만 성적 학대를 연상케 한다.

계속하는 수밖에 달리 방법이 없는 느낌이 들었습니다.

뭐야? 인간에 대한 불신을 언급하고 있는 것인가? 어쩌면 허! 너는 언제 크리스천이 된 거야? 하며 비웃는 사람도 있을지 모르겠는데 그러나 인간에 대한 불신은 반드시 곧바로 종교의 길로 통하는 것은 아니라고 생각되지만. 실제로 그 비웃는 사람도 포함해서 인간은 상호 불신하면서도* 여호와든 뭐든 염두에 두지 않고 태연하게 살아가고 있지 않습니까? 역시 내 어린 시절의 일이었습니다만 아버지가 속한 어떤 정당의 유명인이 이 읍내로 연설하러 오는 바람에 나는 머슴을 따라 극장으로 들으러 갔습니다. 사람으로 가득 찼고 또한 이 읍내의 아버지와 친한 사람의 얼굴은 모두 보이고 우레와 같은 박수를 보내고 있었습니다. 연설이 끝나자 청중은 눈이 쌓인 밤길을 삼삼오오 무리 지어 오른 귀갓길에서 오늘 밤 연설에 대해 요란하게 험담을 퍼붓는 것이었습니다. 개중에는 아버지와 특히 친한 사람의 목소리도 섞여 있었습니다. 아버지의 개회사도 엉망이고 그 유명한 인사의 연설도 뭔 소리를 하는지 도통 알 수 없었다며 이른바 아버지의 '동지들'이 화가 난 듯한 투로 말하는 것이었습니다. 그리고 그 사람들은 우리 집에 들러 객실로 올라와서는 오늘 밤 연설회는 대성공이었다면서 진정으로 기쁜 듯한 표정으로 아버지에게 말하고 있었습니다. 머슴들까지 오늘 밤 연설회는 어땠냐는 어머니의 질문에 너무 재미있었다면서 시치미를 뚝 떼고 있었습니다. 연설회만큼 재미없는 것은 없다고 돌아오

---

* 소설 원문에 강조점이 표시되어 있다.

는 길에 머슴들이 서로 개탄했습니다.

그러나 이런 것은 아주 사소한 예에 불과합니다. 서로를 속이며 게다가 양쪽 모두 이상하게도 아무런 상처를 입지 않고 서로 속이고 있다는 사실조차 눈치채지 못하듯이 실로 선명하고, 그것이야말로 맑고, 밝고, 명랑한 불신의 예가 인간 생활에 가득 찬 것처럼 생각됩니다. 하지만 나는 서로 속이고 있다는 행위에 대해서는 그다지 특별한 흥미조차 없습니다.

나도 익살 연기로 아침부터 밤까지 인간을 속이고 있으니까요. 나는 도덕 교과서적인 정의라든가 뭔가 하는 윤리에는 그다지 관심을 가질 수 없습니다. 나에게는 서로 속이면서 맑고, 밝고, 명랑하게 살아가고 있거나 살아갈 자신이 있는 듯한 인간이 난해할 따름입니다. 인간은 끝내 나에게 그런 비결을 가르쳐 주지 않았습니다. 그것만 알고 있었다면 나는 인간을 이렇게 두려워하거나 필사적인 서비스 따위는 하지 않아도 괜찮았을 것입니다. 인간의 생활과 대립하며 밤마다 지옥의 고통을 이토록 맛보지 않아도 될 터였습니다. 즉 내가 머슴과 하녀들의 가증스러운 그 범죄까지 누구에게도 호소하지 않은 것은 인간을 불신해서가 아니고 또한 물론 기독교주의 탓도 아니며, 인간이 요조라는 사람에 대해 신용이라는 껍데기를 굳게 닫고 있었기 때문이었다고 생각됩니다. 부모까지 나에게 난해한 존재라는 사실을 때마침 보여주는 일이 있었기 때문입니다.

그래서 그 누구에게도 호소할 수 없는 자신이 풍기는 고독의 냄새가 많은 여성의 본능이라는 후각으로 탐지되어 몇 년이 흘러 여러모로 이용당하게 되는 원인의 하나가 된 듯한 느낌도 드

는 것입니다. 즉 나는 여성에게 사랑의 비밀을 지켜줄 수 있는
남자였던 셈입니다.

제2의 수기

파도가 밀려오는 곳이라 해도 좋을 정도의 해변에 껍질이 새까만 큰 산벚꽃나무가 스무 그루 넘게 늘어서 있었습니다. 신학기가 시작되면 산벚꽃나무는 갈색의 끈적거리는 새싹과 함께 푸른 바다를 배경으로 해서 그 현란한 꽃을 피우고 이윽고 꽃비가 휘날릴 때는 엄청난 꽃잎이 흩뿌려진 채 바다 위를 수놓으며 하염없이 떠돌다가는 다시 물가로 떠밀려 옵니다. 그 벚꽃 모래사장이 그대로 교정으로 사용되고 있는 도호쿠 지방 어느 중학교에 나는 입시 공부도 변변히 못 했지만, 그럭저럭 무사하게 입학할 수 있었습니다. 그리고 그 중학교 제모의 교표에도 제복의 단추에도 디자인된 벚꽃이 피었습니다.

그 중학교 근처에 먼 친척에 해당하는 집이 있었으므로 아버지가 그 바다와 벚꽃이 있는 중학교를 골라 준 것입니다. 나는 그 집에 맡겨졌고 아무튼 학교가 코앞이었기에 조회 종소리를 듣고 나서야 헐레벌떡 등교하는 매우 나태한 중학생이었습니다만 그래도 그 익살 연기로 나날이 학급 친구의 인기를 얻어가고 있었습니다.

태어나서 처음 이른바 타향으로 떠나게 된 셈입니다만 나에게는 그 타향 쪽이 내가 태어난 고향보다 훨씬 편한 장소로 인식되었습니다. 그것은 내 익살 연기도 그 무렵 마침내 몸에 익어서 타인을 속이는 데에 이전만큼 고생할 필요도 없어졌기 때문이라고 해설해도 좋겠지만 그것보다도 육친과 타인, 고향과 타향, 그곳에는 간과할 수 없는 연기 난이도의 차가 그 어떤 천재에게도, 심지어 하나님의 아들 예수에게조차 존재하는 것은 아닐까요? 배우에게 가장 연기하기 어려운 장소는 고향의 극장이고 게다가 친인척까지 전부 모여 앉은 방 안에서는 아무리 명배우라도 연기하기가 어렵지 않나요? 하지만 나는 연기해 왔습니다. 게다가 그것이 매우 성공을 거두었던 것입니다. 그 정도로 괴짜가 타향에 나가서 만에 하나라도 연기를 그르치는 일 따위는 없었던 것이었습니다.

나의 인간에 대한 공포는 그 이전보다 더 하면 더 했지 덜 하지 않을 정도로 강렬하게 가슴 밑바닥에서 꿈틀거리고 있었습니다만 그러나 연기는 실로 쑥쑥 늘어서 교실에 있을 때는 항상 학급 친구들을 웃기고 교사도 이 학급은 오바^{大庭}*만 없으면 대단히 훌륭한 학급일 터인데 하고 개탄하면서도 손으로는 입을 막고 웃습니다. 나는 저 천둥처럼 고래고래 소리를 질러대는 배속장교**까지 실로 손쉽게 웃음을 터뜨리게 할 수 있었던 것

---

* 주인공 요조의 성. 그의 정식 이름은 오바 요조(大庭 葉藏)이다.
** 학교 교련 수업을 위해서 파견된 현역 장교.

입니다.

이제는 내 정체를 완전하게 은폐할 수 있는 경지에 이른 것은 아닐까? 하고 안심하던 찰나에 나는 실로 뜻밖에 뒤통수를 얻어맞고 말았습니다. 그것은 아니나 다를까, 학급에서 가장 빈약한 몸에 얼굴도 푸르스름하게 부은 데다가 아버지로부터 물려받은 것으로 추측되는, 소매가 쇼토쿠태자*의 소매처럼 몸에 맞지 않는 긴 상의를 입고, 교과 공부는 완전 젬병이고 교련이나 체조는 언제나 견학으로만 일관하는 백치에 가까운 아이였습니다. 나도 그 아이까지 경계할 필요는 전혀 없다고 인정하고 있던 터였습니다.

그날 체조 시간에 그 아이(성은 지금 기억나지 않지만 이름은 다케이치ㅡ였던 것으로 어렴풋이 기억하고 있습니다), 그 다케이치는 늘 하던 대로 견학하고 우리는 철봉 연습을 해야만 했습니다. 나는 일부러 가능한 한 엄숙한 표정으로 철봉을 향해 에잇 하고 소리를 지르며 뛰어올라서는 그대로 멀리뛰기처럼 앞쪽으로 달려들어 모래사장에 엉덩방아를 찧었습니다. 모두 계획적인 실패였습니다. 과연 모두가 폭소를 터뜨리고 나도 쓴웃음을 지으며 일어나서는 바지에 묻은 모래를 털어내고 있는데, 언제 그곳에 왔는지 다케이치가 제 등을 두드리며 낮은 목소리로 속삭였습니다.

"꼼수. 꼼수."

나는 소스라치게 놀랐습니다. 일부러 실패한 사실을 하필이

---

* 聖德太子: 574~622. 아스카시대(592~710) 천황의 섭정으로 나라의 기틀을 마련하는 데 공이 컸다. 당시 복장은 소매가 길었던 것이 특징이다.

면 다케이치에게 들키리라고는 꿈에도 예상치 못한 일이었습니다. 나는 세계가 한순간에 지옥의 맹렬한 불길에 휩싸인 채 타오르는 것을 눈앞에서 본 듯한 마음으로 앗 하고 소리를 지르며 미쳐버릴 듯한 기분을 필사의 노력으로 억눌렀습니다.

그로부터 나의 불안과 공포.

겉으로는 변함없이 슬픈 익살 연기를 연기하며 모두를 웃기고 있었지만, 문득 나 자신도 후유 하며 깊은 한숨이 나와서 무엇을 하든 모두 다케이치에게 처참하게 들키고, 그리고 그는 당장 닥치는 대로 그것을 떠벌리고 돌아다닐 것이 틀림없다고 생각하자 이마에 식은땀이 줄줄 흐르고 미친 사람처럼 묘한 눈초리로 주변을 힐끔힐끔 허무하게 둘러보았습니다. 가능하다면 아침, 점심, 저녁 온종일 다케이치 곁에서 벗어나지 않고 그가 엉겁결에 비밀을 흘리지 않도록 감시하고 싶은 기분이었습니다. 그리하여 내가 그에게 붙어 있는 사이에 내 익살 연기는 이른바 '고의'가 아니고 진짜였다는 것으로 믿게 하도록 온갖 노력을 기울이다가 잘하면 그와 둘도 없는 친구가 되어 버리고 싶다. 혹시 그것이 모두 불가능하다면 이제는 그의 죽음을 기원하는 것 말고는 달리 방법은 없다고까지 생각하게 되었습니다. 그러나 역시 그를 죽이려는 마음만은 일어나지 않았습니다. 나는 이제까지의 생애에서 다른 사람에게 살해당하고 싶다는 소망을 가져본 적은 몇 번이나 있었습니다만 다른 사람을 죽이고 싶다고 생각한 적은 한 번도 없었습니다. 그것은 잔인한 상대에게 오히려 행복을 줄 뿐이라고 생각했기 때문입니다.

나는 그를 길들이려고 우선 얼굴에 가짜 크리스천처럼 '상냥한' 눈웃음을 담은 채 목을 30도 왼쪽으로 기울이고 그의 작은 어깨를 감싸고는 본성을 숨긴 채 간드러진 듯한 달콤한 목소리로 내가 기숙하고 있는 집으로 놀러 오라고 틈만 나면 꼬드겼지만, 그는 항상 흐리멍덩한 눈초리로 침묵했습니다. 그러던 어느 날 방과 후 분명히 초여름 무렵의 일이었습니다. 소나기가 하얗게 내리는 바람에 학생들은 귀가하는 데 애를 먹고 있었습니다만 나는 집이 가까웠으므로 별 신경 안 쓰고 뛰쳐나가려다가 문득 신발장 뒤편에 다케이치가 풀이 죽은 채 서 있는 것을 발견하고는 가자, 우산 빌려줄게 하며 주저하는 다케이치의 손을 끌고 함께 소나기 속을 질주하여 집에 도착해서 두 사람의 윗옷을 아주머니에게 말려달라고 부탁하고는 다케이치를 2층 내 방으로 불러들이는 데 성공했습니다.

그 집은 쉰이 넘은 아주머니와 서른 정도에 안경을 쓰고 병든 키 큰 누나(이 여인은 다른 곳으로 한 번 시집갔다가 집으로 돌아와 있었습니다. 나는 이 사람을 이곳 식구들로부터 배워 아네사라고 부르고 있었습니다)와 그 사람과는 닮지 않은 키가 작고 얼굴이 둥글며 최근 여학교를 막 졸업한 듯한 셋짱이라는 동생 세 사람이 한 가족으로, 아래층 가게에는 문구나 운동 용구를 조금씩 진열해 놓고 있었는데 주된 수입은 아저씨가 죽기 전 지어서 남기고 간 쪽방 건물 5, 6동의 집세인 것 같습니다.

"귀가 아파."

다케이치는 선 채 그렇게 말했습니다.

"비에 젖더니 쑤셔."

내가 살펴보니 양쪽 귓병이 심했습니다. 고름이 당장이라도 귓바퀴 밖으로 흘러나올 것 같았습니다.

"이거 안 되겠는데. 아프지?"

라고 나는 과장해서 놀란 모습을 보이고는

"빗속을 끌고 와서 미안해"

라고 여인의 말투를 써가며 '상냥하게' 사과하고는 이어서 아래
층으로 내려가 솜과 알코올을 받아와서 다케이치를 내 무릎을
베개 삼아 눕히고 정성 들여 귀를 청소해 주었습니다. 다케이치
도 과연 이것이 위선적이고 가증스러운 꾀라는 것은 눈치채지
못한 듯

"너에게 틀림없이 여자가 뿅 갈 거야"

라고 내 무릎을 베개 삼아 누운 채 어리숙하게 아첨할 정도였
습니다.

그러나 이것은 아마 다케이치도 의식하지 못했을 정도의 소
름 끼치는 악마의 예언 같은 것이었다는 사실을 나는 몇 년이
지나고서야 뼈저리게 느꼈습니다. 내가 뿅 간다는 둥 남이 나를
보고 뿅 간다는 둥 그 말이 매우 저급한 농지거리인 데다가 자
못 자아도취로 거들먹거리는 느낌으로 이른바 아무리 '엄숙한'
장소라 할지라도 그곳에 이 한마디라도 불쑥 얼굴을 내밀면 순
식간에 우울의 가람伽藍이 붕괴되어 단지 모든 감정이나 생각이
사라진 백지상태가 되지만 남이 나에게 뿅 가는 괴로움이라는
등의 속어가 아니라 사랑받는 불안이라는 투의 문학 용어를
사용하면 무리하게 우울의 가람을 훼손하는 일로는 발전하지
않을 것이므로 기묘한 일이라고 생각합니다.

내가 귀의 고름을 닦아주자 다케이치가 너에게 사람들이 반

할 거야 하는 어처구니없는 아첨을 해댔을 당시 다만 얼굴을 붉히며 웃고는 아무 대답도 하지 않았습니다만 그러나 실은 어렴풋이 짐작이 가는 것도 있었습니다. 하지만 "나에게 뿅 간다"라는 저속한 말로 생기는 자아도취의 분위기에 대해 집히는 것도 있다는 투로 쓰는 것은 거의 라쿠고의 젊은 남편*의 대사조차 될 수 없을 정도로 말도 안 되는 감회를 보여주는 것으로 설마 나는 그렇게 장난스럽게 거들먹거리는 기분으로 "집히는 점도 있다"라고 말한 것은 아닙니다.

나로서는 인간 여성이 남성보다 몇 배나 난해했습니다. 우리 가족은 여성이 남성보다 숫자가 많고 친척도 여자가 많으며 또한 예의 '범죄' 당사자인 식모 등도 있고 어렸을 적부터 여자들하고만 놀며 자랐다고 해도 지나친 말은 아니라고 생각합니다만 그것은 또한 실로 살얼음판 위를 걷는 느낌으로 그 여인들과 교제해 온 것입니다. 거의 전혀 짐작이 안 가는 것입니다. 오리무중이어서 결과적으로 가끔 호랑이의 꼬리를 밟는 실패를 저지르다 중상을 입고 그것이 또한 남성에게 맞는 매와 달리 내출혈처럼 극도로 불쾌하게 안쪽에서 공격해 와서는 좀처럼 치유하기 어려운 상처였습니다.

여자는 바짝 끌어당겼다가는 떼밀어 버린다, 혹은 또한 여자는 이목이 있는 곳에서는 나를 업신여겨 매몰차고 쌀쌀하게 대하지만 아무도 없는 곳에서는 꽉 껴안는다. 여자는 죽은 듯이 깊이 잠든다. 여자는 잠자려고 사는 것은 아닐까? 그밖에 여자

---

* 만담에 등장하는 인물로 세상 물정 모르고 추어 주면 우쭐거리는 성격의 소유자.

에 대한 수많은 관찰을 이미 나는 어렸을 적부터 할 수 있었습니다만 같은 인류 같긴 하지만 남자와는 또한 완전히 다른 생물 같은 느낌이고 그리고 또 이 불가해하고 방심할 수 없는 생물은 기묘하게 나를 가지고 노는 것이었습니다. "반함을 당한다"라는 따위의 말도 또 "좋아함을 당한다"라는 말도 내게는 조금도 어울리지 않고 '가지고 노는 대상'이라는 편이 오히려 실상의 설명에 딱 맞는지 모르겠습니다.

여자는 남자보다도 더욱 익살 연기에는 여유가 있는 것 같습니다. 내가 익살 연기를 하면 남자는 아니나 다를까 언제까지나 깔깔 웃지도 않기에 나도 남자에 대해서는 분위기에 취해서 익살 연기가 도를 넘으면 실패할 것이 뻔하기에 반드시 적당한 선에서 접도록 주의를 기울이고 있지만 여자는 적당한 선을 모르고 언제까지고, 언제까지고 나에게 익살 연기를 요구하고 나는 그 끝없는 앙코르에 응하느라 녹초가 되는 것이었습니다. 실로 잘 웃습니다. 전반적으로 여자는 남자보다 쾌락을 무모할 정도로 만끽할 수 있는 것 같습니다.

중학교 시절 신세를 졌던 그 집의 언니며 동생이 틈만 나면 2층의 내 방으로 와서 나는 그때마다 혼비백산 흠칫 놀라고 그저 떨면서

"공부하세요?"

"아닙니다"

라고 미소 지으며 책을 덮고

"오늘 있잖아요, 학교에서 말인데. 곤보라는 지리 선생님이 말이에요"

라고 술술 입에서 흘러나오는 것은 말도 안 되는 골계 이야기였습니다.

"요짱, 안경을 써봐요."

어느 날 밤, 동생인 셋짱이 아네사와 함께 내 방으로 놀러 와서 혼이 빠지도록 나에게 익살 연기를 시키고는 끝내 이런 말을 했습니다.

"왜?"

"괜찮으니까. 안경을 써봐요. 아네사의 안경을 빌려보세요."

항상 이런 난폭한 명령조로 말하는 것이었습니다. 익살 연기자는 곧바로 아네사의 안경을 썼습니다. 바로 그때 두 여자는 배꼽을 쥐었습니다.

"똑 닮았어. 로이드와 판박이야."

당시 해롤드 로이드˙인가 하는 외국영화 희극 배우가 일본에서 인기가 있었습니다.

나는 선 채 한 손을 올리고

"제군"

이라고 말하며

"이번에 일본의 팬 여러분께……"

라고 일장 연설을 시도하여 더욱 큰 소리로 웃기고 나서는 로이드 영화가 그 읍내의 극장에 올 때마다 보러 가서는 몰래 그의 표정을 연구했습니다.

또한 어느 가을날 밤 내가 잠을 자기 전 누워서 책을 읽고 있

˙ Harold Lloyd: 1893~1971. 미국 무성영화 시대의 희극 영화배우.

자 아네사가 날렵하게 새처럼 방으로 들이닥쳐 갑자기 내 이불 위에 쓰러져서는 울먹이며

"요짱이 나를 도와줄 거지, 그렇지? 이런 집 함께 뛰쳐나가 버리는 편이 나을 거야. 도와줘. 도와줘"

라면서 무시무시한 말을 엉겁결에 흘리면서 또 울먹이는 것이었습니다. 하지만 나에게는 여인한테서 이런 태도를 목격해야만 했던 경우는 이번이 처음은 아니었기에 아네사의 과격한 말에도 그다지 놀라지 않고 오히려 그 진부하고 내용 없음에 흥이 깨졌다는 심정으로 살짝 이불에서 빠져나와 책상 위의 감을 깎아 한 조각을 아네사에게 건네주었습니다. 그러자 아네사는 흐느끼면서 그 감을 먹다가

"뭔가 재미있는 책 없어? 빌려줘"

라고 말했습니다.

나는 소세키[*]의 『나는 고양이로소이다』라는 책을 책장에서 골라서 주었습니다.

"잘 먹었어."

아네사는 부끄러운 듯 미소 지으며 방에서 나갔습니다만 이 아네사뿐 아니라 도대체 여자는 어떤 기분으로 살아가는지를 생각하는 것은 나에게 지렁이의 생각을 추적하는 것보다 까다롭고 번거로우며 왠지 혐오스러운 느낌으로 다가왔습니다. 다만 나는 여인이 저토록 급작스레 울음을 터뜨리거나 할 때 뭔가 달콤한 것을 건네주면 그것을 먹고 기분 전환을 한다는 것

---

[*] 나쓰메 소세키(夏目漱石): 1867~1916. 소설가, 영문학자. 대표작은 『나는 고양이로소이다』(1905).

쯤은 어렸을 적부터 경험으로 터득하고 있었습니다.

동생인 셋짱은 자기 친구까지 내 방으로 데리고 와서는 내가 늘 하던 대로 공평하게 모두를 웃기다가 친구들이 돌아가면 예외 없이 그 친구들의 욕을 해대는 것이었습니다. '저 아이는 불량소녀이니 조심해야 해'라고 으레 말하는 것이었습니다. 그렇다면 일부러 데리고 와주지 않으면 좋을 것을. 그 덕분에 내 방의 방문객은 거의 전부 여성이 되고 말았습니다.

그러나 그것은 다케이치의 아첨인 '뿅 간다'는 사건의 실현까지는 아직 전혀 없었습니다.

즉 나는 일본 도호쿠의 헤럴드 로이드에 불과했던 것입니다. 다케이치의 어처구니없는 아첨이 예언으로 생생하게 살아나서 불길한 모습을 드러내게 된 것은 그로부터 몇 년이 더 흐른 뒤의 일이었습니다.

다케이치는 또한 나에게 또 하나 중대한 선물을 했습니다.

"요괴 그림이야."

언젠가 다케이치가 나의 2층으로 놀러 왔을 때 가지고 온 원색판의 권두 그림 한 장을 자랑스러운 듯 나에게 보여주고 그렇게 설명했습니다.

어라? 하고 생각했습니다. 그 순간 내가 몰락해 가는 길이 결정된 것처럼 몇 년이 지나 그런 느낌이 자연스럽게 다가왔습니다. 나는 알고 있었습니다. 그것이 고흐의 유명한 자화상에 불과하다는 것을 알고 있었습니다. 우리가 소년이었을 적에는 일본에서는 프랑스의 이른바 인상파의 그림이 널리 유행했고 영화감상의 첫걸음을 대개 이 근처에서 시작하곤 했으므로 고흐, 고갱, 세잔, 르누아르 등의 그림은 시골 중학생조차 그 사진판을 보고 알았던 것입니다. 나도 여전히 고흐의 원색판을 꽤 많이 보고 흥미로운 터치와 색채의 선명함에 흥취를 느끼고 있었습니다만 요괴 그림이라고는 한 번도 생각한 적이 없었던 것이었습니다.

"그러면 이런 것은 어떨까? 역시 요괴일까?"

나는 책장에서 모딜리아니 그림 화보를 꺼내서 불에 탄 붉은 구리와 같은 피부의 나체 부인 그림을 다케이치에게 보여주었습니다.

"대단하군."

다케이치는 눈을 동그랗게 뜨고 감탄했습니다.

"지옥의 말 같군."

"역시 요괴인가?"

"나도 이런 요괴 그림을 그리고 싶어."

인간을 너무나 두려워하는 사람들은 오히려 더더욱 무시무시한 요괴를 확실하게 자기 눈으로 보고 싶다는 간절한 바람에 이르는 심리, 신경질적이고 두려움이 많은 사람만큼 폭풍우가 더욱 세지기를 기원하는 심리. 아, 이 일군의 화가는 인간이라는 요괴에게 상처받고 협박받은 끝에 급기야는 환영을 믿고 대낮의 자연에서 선명하게 요괴를 본 것이다. 게다가 그들은 그것을 익살 연기 등으로 속이지 않고 본 대로 표현하려 힘썼던 것이었다. 다케이치가 말하는 것처럼 과감하게 '요괴 그림'을 그려버린 것이다. 여기에 장래 내 친구가 있다고 나는 눈물을 흘릴 정도로 흥분하고

"나도 그릴 거야. 요괴 그림을 그릴 거야. 지옥의 말을 그리겠어"라고 어째서인지 목소리를 아주 낮추어 다케이치에게 말하는 것이었습니다.

나는 초등학교 무렵부터 그림은 그리는 것도 보는 것도 좋아했습니다. 하지만 내가 그린 그림은 내 글만큼 주위의 평판이 좋지는 않았습니다. 나는 원래 인간의 말을 좀처럼 신용하지 않았기에 작문 따위는 나에게 단지 익살 연기의 인사말 같은 것으로 초등학교, 중학교 연이어서 선생님들을 무척 기쁘게 만들어왔지만 나는 전혀 재미없고 그림만은(만화는 별개이지만) 그 대상을 표현하는 데 어리지만 나 나름대로 다소 고심하긴 했습니다. 학교 미술 시간의 견본은 별것 아닌 데다가 선생님의 그림은 서툴렀고 나는 완전히 엉터리지만 여러 가지 표현법을 직접 고안해서 시험해 보지 않으면 안 되었습니다. 중학교에 들어가서는 유화 도구도 세트로 구비해 가지고 있었습니다만 그 터치의 견본을 인상파 화풍에서 찾으려고 해도 내가 그린 것은 마치 치요가미 세공˚처럼 밋밋해서 버젓한 솜씨가 될 것 같지는 않았습니다. 하지만 나는 다케이치의 말로 그때까지 회화에 대한 나의 정신자세가 완전히 잘못되었다는 것을 알았습니다. 아름답다고 느꼈던 것을 그대로 아름답게 표현하려고 노력하는 안이함, 어리석음. 명인들은 뭐든지 없는 것을 주관에 따라 아름답게 창조하고 혹은 추한 것에 구역질을 느끼면서도 그것에 대한 흥미를 감추지 않고 표현하는 기쁨에 젖어 있다. 즉 다

˚   다양한 모양이 인쇄된 치요가미라는 종이로 만드는 공예품.

른 사람의 평판에 조금도 신경 쓰지 않는 듯한 화법의 소박한 호랑이권*을 다케이치로부터 받고 예의 그 여자 내방객들에게는 숨기고 조금씩 자화상 제작에 착수해 보았습니다.

나 자신도 오싹할 정도로 음침한 그림이 완성되었습니다. 그러나 이것이야말로 마음 깊숙한 저변에 감추고 감춘 내 정체인 것이다. 겉으로는 밝게 미소 짓고 사람들을 웃기지만 실은 이런 음울한 마음을 나는 갖고 있는 것이다. 어쩔 수 없다고 슬며시 긍정하면서 그 그림은 다케이치 외에는 그 누구에게도 보여주지 않았습니다. 내 익살 연기 저변에 있는 음침함을 간파당하거나 갑자기 쪼잔하게 경계해야 하는 것도 싫었고 또한 이것을 내 정체라고 알아차리지도 못하고 역시 새로운 취향의 익살 연기로 여겨져 폭소의 씨앗이 될지도 모른다는 걱정도 있었는데, 그것은 무엇보다도 쓰라린 일이었으므로 그 그림은 곧장 벽장 깊숙이 처박았습니다.

학교 미술 시간에도 나는 저 '요괴식 수법'은 감추고 이제까지의 방식으로 아름다운 것을 아름답게 그리는 식의 범용적 터치로 그리고 있었습니다.

나는 다케이치에게만은 전부터 나의 상처받기 쉬운 신경을 아무렇지 않게 보이고 있었고 이번의 자화상도 안심하고 보여주어 크게 칭찬받은 뒤 거기에 요괴 그림을 두 장, 석 장 연달아 그리고 다케이치로부터 또 하나

"너는 위대한 화가가 될 거야"

<hr>

라는 예언을 얻었던 것입니다.

뽕 가버릴 거라는 예언과 위대한 화가가 될 거라는 이 두 가지 예언이 멍청한 다케이치에 의해 이마에 각인되어˙ 이윽고 나는 도쿄로 나왔습니다.

나는 미술학교에 입학하고 싶었지만 아버지는 전부터 나를 고등학교에 보내서 결국에는 관리로 만들 생각이었고 나에게도 그렇게 언급한 상태였으므로 말대답 하나 제대로 할 수 없는 성격인 나는 엉겁결에 그 말에 따랐던 것이었습니다. 4학년부터 시험을 쳐보라고 권유받은 데다가 나도 벚꽃과 바다의 중학교는 마침 싫증이 나던 터라 5학년으로 진급하지 않고 4학년을 수료한 채 도쿄의 고등학교에 입학시험을 보고 합격하여 곧바로 기숙사 생활에 접어들었습니다. 하지만 그 불결하고 거칠고 난폭함에 질려서 익살 연기는커녕 의사로부터 폐침윤이라는 진단을 받고 기숙사에서 나와 우에노 사쿠라기초에 있는 아버지 별장으로 옮겼습니다. 나라는 존재는 단체 생활이라는 것이 도저히 불가능합니다. 거기에 또 청춘의 감격이라든가, 젊은이의 긍지라든가 하는 말을 들으면 오한이 나서 도저히 저 하이스쿨 스피릿이라든가 하는 것에는 따라갈 수 없었습니다. 교실도 기숙사도 뒤틀린 성욕의 쓰레기장 같은 느낌이 들어 나의 완벽에 가까울 정도인 익살 연기도 그곳에서는 아무런 도움도 되지 못했습니다.

아버지는 회의가 없을 때는 한 달에 일주일간 또는 이 주일

˙ 하나님의 보호와 소속을 나타내는 영적 표시.

간밤에는 그 집에 머물지 않았으므로 아버지가 부재중일 때는 매우 넓은 집에 별장지기 노부부와 나 세 사람만 있어서 나는 걸핏하면 학교를 쉬었고, 그렇다고 해서 도쿄 관광 따위를 할 마음도 생기지 않아(나는 결국 메이지진구*도 구스노키 마사시게**동상도 센가쿠지*** 47명 의사의 묘지도 보지 않고 끝날 것 같습니다) 집에서 온종일 책을 읽거나 그림을 그리거나 하고 있었습니다. 아버지가 상경해 오면 나는 매일 아침 허둥지둥 등교를 서둘렀습니다만 홍고 센다기초의 서양화가 야스다 신타로安田新太郎 씨의 화랑에 가서 서너 시간이나 데생 연습을 한 적도 있습니다. 고등학교의 기숙사에서 빠져나오면 학교 수업에 나가더라도 마치 청강생 같은 특별한 위치에 있는 듯해서 그것이 내 뒤틀린 시각인지도 모르겠지만 왠지 나 자신이 알면서도 모른 척하는 느낌이 들어서 한층 더 학교에 가는 것이 내키지 않았던 것입니다. 나는 초등학교, 중학교, 고등학교를 거치며 마침내 애교심이라는 것을 이해하지 못하고 끝났습니다. 교가 같은 것도 한 번도 외우려고 하지 않았습니다.

나는 이윽고 화랑의 어떤 수강생에게서 술과 담배와 매춘부와 전당포와 좌익사상을 배웠습니다. 묘한 배합이었습니다만 그러나 그것은 사실이었습니다.

---

* 明治神宮: 메이지 천황 부부를 신으로 모신 신사. JR하라주쿠역 근처에 있다.

** 楠木正成: 가마쿠라시대(1185~1333) 말기부터 남북조시대(1336~1392)에 활약한 무장으로 천황에 대한 충성심으로 후세에 무사의 귀감이 된다. 황거 앞에 동상이 있다.

*** 泉岳寺: 1701년 억울하게 할복하게 된 주군의 원수를 갚는 복수극을 펼치고 장렬하게 산화한 무사 47명의 영혼이 잠든 절. 미나토구 다카나와에 있다.

그 수강생은 도쿄의 시타마치*에서 태어난 호리키 마사오堀木正雄로 나보다 여섯 살 연상이며, 사립 미술학교를 졸업했지만 집에 아틀리에가 없어서 이 화랑에 다니며 서양화를 계속 공부하고 있다고 합니다.

"5엔만 빌려주지 않을래?"

그저 얼굴을 아는 사이일 뿐 그때까지 한마디도 나눈 적이 없었습니다. 나는 당황하며 5엔을 주었습니다.

"좋아, 마시자고. 내가 쏠 테니까. 너는 좋은 놈이야."

내가 거부를 못 하고 그 학원 근처의 호라이초에 있는 카페로 끌려간 것이 그와 교제의 첫 단추였습니다.

"전부터 너를 주목하고 있었어. 맞아, 맞아. 그 수줍은 듯한 미소. 그것이 장래가 밝은 예술가 특유의 표정이거든. 친구가 된 징표로 건배! 기누 씨, 이 친구 미남이지? 사랑에 빠지면 안 돼. 이 친구가 오는 바람에 아쉽지만, 나는 두 번째 미남이 되고 말았군."

호리키는 약간 까무잡잡하고 단정한 얼굴을 한 데다가 학원생으로서는 드물게 정장을 갖춰 입었고, 넥타이 취향은 수수하지만 머리에 포마드를 바르고 한가운데 가르마를 타고 있었습니다.

나는 익숙하지 않은 장소이기도 해서 단지 겁을 먹고 팔짱을 끼었다 풀었다 하며 그야말로 수줍은 미소만 띠고 있었지만, 맥주를 두세 병 마시는 사이에 묘하게 해방된 듯한 경쾌함을 느

---

* 下町: 일본 에도시대의 목조가옥과 좁은 골목으로 대표되는 서민들의 삶의 터전.

끼기 시작한 것이었습니다.

"나는 미술학교에 들어가려고 생각했지만……."

"아니, 재미없어. 그런 곳은 재미없어. 학교는 재미없어. 우리의 교사는 자연 속에 있지! 자연에 대한 파토스!"*

그러나 나는 그가 말하는 것에 좀처럼 경의를 느끼지 않았습니다. 멍청한 사람이다. 그림도 틀림없이 어설플 거야. 그러나 놀기에는 좋은 상대인지도 모른다고 생각했습니다. 즉 나는 그때, 태어나서 처음으로 도회지의 진짜 불량소년을 본 것이었습니다. 그것은 나와 형태는 달라도 역시 이 세상 인간의 행위와 완전히 유리되어 버리는 바람에 방황하는 점에서만은 확실하게 동류였던 것이었습니다. 그리고 그는 이 익살 연기를 의식하지 않고 행하며 게다가 익살 연기의 비참함을 전혀 눈치채지 못하고 있는 점이 나와 본질적으로 색다른 점이었습니다.

그저 놀 뿐이다. 놀이 상대로 교제할 뿐이다라며 항상 그를 경멸하고 때로는 그와의 교제를 부끄럽다고까지 느끼며 그와 함께 걷는 사이에 결국 나는 이 남자에게까지 산산조각이 났습니다.

그러나 처음에는 이 남자를 호남형, 드물게 보는 호남이라고만 믿고 인간을 두려워하는 자신도 완전히 방심한 채 도쿄에 훌륭한 안내자가 생겼다는 정도로 생각하고 있었습니다. 나는 사실 혼자서는 전차를 타면 차장이 두렵고, 가부키자**에 들어가고 싶어도 그 정면의 주단이 깔린 양쪽에 나란히 서 있는 안

내양들이 무섭고, 레스토랑에 들어가면 내 뒤에 조용히 서서 접시가 비기를 기다리고 있는 급사인 보이가 무섭습니다. 특히 계산할 때 손놀림이 어색하며, 쇼핑하고 돈을 건네줄 때는 인색해서가 아니라 너무나 긴장하고 너무나 부끄럽고 너무나 불안하고 무서워서 어질어질 현기증이 나며 세계가 암흑이 되고 거의 반쯤은 광란의 기분이 되는 바람에 값을 깎기는커녕 잔돈받는 것도 잊을 뿐 아니라 산 물건을 집으로 가지고 오는 것을 잊는 일까지 자주 있을 정도여서 도저히 혼자서 도쿄의 거리를 걸을 수 없습니다. 그래서 하는 수 없이 온종일 집 안에서 빈둥거렸던 개인 사정도 있었던 것이었습니다.

그것이 호리키에게 지갑을 건네고 함께 걷자 호리키는 값을 많이 후려치고 게다가 유흥에는 도가 텄는지 적은 돈으로 최대의 효과를 내는 지불 태도를 발휘하고 또 값이 비싼 1엔짜리 택시는 멀리하는 데다가 전철, 버스, 통통배 등 각각 용도에 맞게 나누어 이용합니다. 최단 시간에 목적지에 도착하는 수완을 보이고 매춘부와 밤을 지내고 아침에 돌아오는 도중에는 무슨무슨 요정에 들렀다가 아침 욕탕에 들어가고 유두부로 가볍게 반주를 곁들이는 것이 싼값에 비해서 고급스러운 느낌에 젖을 수 있는 법이라고 현장 교육을 해줍니다. 그밖에 포장마차의 소고기볶음밥에 닭꼬치가 값이 싸고 영양도 풍부하다는 것을 설명해 주고 빨리 취하게 하는 것으로 전기 블랜*만 한 것은 없다고 보증하며, 특히 그 계산에 대해서는 나에게 한 번도 불안, 공

<hr>

* 수입 블렌디에 와인, 진, 베르못 등을 섞은 알코올 45도의 술.

포를 느끼게 한 적이 없었습니다.

그리고 호리키와 교제하다 구원을 받은 것은 호리키가 듣는 사람의 평판 따위는 완전히 무시하고 이른바 정열의 파토스가 분출하는 대로(어쩌면 정열이란 상대의 상황을 무시하는 것인지도 모르겠는데) 온종일 말도 안 되는 이야기를 주절대는 바람에 둘이서 걷다가 지치거나 거북한 침묵에 빠지는 위험이 전혀 없다는 것이었습니다. 다른 사람과 접촉하며 두려운 침묵이 그 자리에 나타나는 것을 경계하여 원래부터 입이 무거운 내가 이 대화를 선도해야 한다는 필사적인 익살 연기를 해오곤 했지만 지금 이 호리키 바보가 의식하지 않고 익살 연기 역을 스스로 알아서 해주니 나는 대답도 변변히 하지 못하고 그저 흘려듣다가 때때로 설마라는 따위의 맞장구를 치며 웃으면 될 일이었습니다.

술, 담배, 매춘부 그리고 모두가 인간에 대한 공포를 설령 한 때라도 잊어버릴 수 있는 꽤 괜찮은 수단이라는 사실을 이윽고 나로서도 알 수 있게 된 것입니다. 그들 수단을 얻는다면 내가 갖고 있는 소유물 전부를 매각한다 해도 후회하지 않을 것이라는 기분마저 들게 되었습니다.

나에게 매춘부라는 존재는 인간도 여성도 아니고 백치라든가 광인처럼 보이며 그 품 안에서 나는 오히려 느긋하게 안심하고 잠을 푹 잘 수 있었습니다. 모두 애처로울 정도로 욕심이라는 것이 손톱만큼도 없었습니다. 그리고 나에게 동류의 친근감이라고도 할 수 있는 느낌이 들었는지 나는 항상 그 매춘부들에게서 거북하지 않을 정도의 자연스러운 호의를 받았습니다. 아무런 타산도 없는 호의, 강매하지 않는 호의, 두 번 다시 안

올지도 모르는 사람에 대한 호의. 나는 그 백치라든가 광인 같은 매춘부들에게서 마리아의 찬란한 빛을 현실로 본 밤도 있었던 것입니다.

그러나 나는 인간에 대한 공포에서 벗어나 하룻밤의 작은 휴양을 얻고자 그곳으로 가고, 그 때문에 나와 '동류'인 매춘부들과 노닥거리는 사이 어느 틈엔가 무의식적인 어떤 불길한 분위기가 늘 신변을 감도는 듯한 모습이 되었고, 이것은 스스로도 예상치 못했던 이른바 덤으로 얻은 부록이었습니다만 점차 그 '부록'이 선명하게 떠올라 호리키에게 그것을 지적받고는 아연실색하여 혐오스러운 기분이 되었습니다. 옆에서 보면, 속된 말로 나는 매춘부와 함께하며 여성에 대해 수행*을 하고, 게다가 최근 눈에 띄게 솜씨가 늘었고 여자에 대한 수행은 매춘부와 관계하는 것이 가장 확실하고 또한 그만큼 효과가 있다고 하니 이미 나에게는 그 '바람둥이'라는 냄새가 감돌고 여성은(매춘부 뿐 아니라) 본능적인 후각으로 그 냄새를 알아채고는 다가왔습니다. 그와 같은 외설적이고 볼썽사나운 데다 불명예스러운 분위기를 '덤으로 얹어주는 부록'으로 받은 결과 그쪽이 내 휴양 따위보다 몹시 두드러지고 만 모양새가 되고 말았습니다.

호리키는 그것을 반은 아첨으로 말한 것이었습니다만 그러나 나에게도 묵직하게 짚이는 것이 있는데, 가령 찻집의 여인에게서 치졸한 편지를 받았던 기억도 있고 사쿠라기초 집 이웃인 장군의 스무 살쯤 되는 딸이 매일 아침 나의 등교 시각에는

---

* 修行: 이해득실을 떠나 깨달음을 얻은 사람들의 길을 따라가는 일.

볼일도 없는 것 같은데 옅게 화장하고는 우리 집 문을 들락날락거리고 있었고 고기를 먹으러 가면 나는 잠자코 있어도 그곳의 종업원이…… 또한 단골로 가는 담뱃가게의 딸이 건넨 담뱃갑 안에…… 또한 가부키를 보러 가서 옆좌석의 사람에게…… 또한 심야의 시내 전철에서 취해 자고 있는데…… 또한 뜻하지 않게 고향 친척의 여인에게서 심각하게 고민하는 편지가 오고…… 또한 정체를 모르는 여인이 내가 부재중에 손으로 만든 듯한 인형을…… 내가 매우 소극적이기에 모두 거기까지의 이야기에 그치고 그 이상 진전은 전혀 없었지만 뭔가 여자를 꿈꾸게 하는 분위기가 나의 어딘가에 서려 있다는 사실은 자랑스러운 연애담이라든가 뭔가 근거 없는 농담이 아니라 부정할 수 없는 사실이었습니다. 나는 그것을 호리키 같은 녀석에게 지적당하고 굴욕과 같은 쓰라림을 느낌과 동시에 매춘부와 놀아나는 일에도 맥이 빠지고 말았습니다.

호리키는 또한 그럴싸하게 보이고 싶어 하는 모더니티이므로 (호리키의 경우 그 이외의 이유는 나로서는 지금도 생각할 수 없습니다만) 어느 날 나를 공산주의 독서회인지 뭔지(R·S인가 뭐가라고 했는데 기억은 분명치 않습니다) 그런 비밀 연구회에 데리고 갔습니다. 호리키 같은 인물에게는 공산주의 비밀회합도 예의 '도쿄 안내'의 하나쯤인지 모르겠습니다. 나는 이른바 '동지'에게 소개되어 팸플릿을 일부 사지 않을 수 없었고, 그리하여 높은 자리에 있는 아주 못생긴 청년으로부터 마르크스 경제학 강의를 들었습니다. 그러나 나에게 그것은 이미 훤히 다 알고 있는 것처럼 느껴졌습니다. 그것은 확실한 것이겠지만 인간의 마음에는 좀 더 이유를 알 수 없는 무서운 것이 있다. 욕망이라고 해도 좀 부족한 것 같은, 허영심이라고 해도 좀 부족한, 여색과 욕망이라고 둘을 나란히 늘어놓아도 좀 부족한 뭔가가 나로서는 알 수 없지만 인간의 세상 저변에 경제만이 아닌, 어쩐지 괴담 같은 것이 존재하는 느낌이 들어 그 괴담에 질려 있는 나로서는 이른바 유물론을 물의 바닥을 흐르는 것처럼 자연스럽게 긍정하면서도 그러나 그것으로 인간에 대한 공포에서 해방되어 푸른 잎을 향해 눈을 뜨고 희망의 기쁨을 느끼는 따위는 불가능했던 것입니다.

하지만 나는 한 번도 결석하지 않고 그 R·S(라든가 한 것 같은데 틀렸는지 모르겠습니다)라는 곳에 출석하고 '동지'들이 묘하게 큰일이 일어난 것처럼 굳은 표정을 하고 하나 더하기 하나는 둘이라는 거의 초등 수준의 산술 같은 이론의 연구에 몰두하는 모습이 가소로워 견딜 수 없을 지경이어서 예의 익살 연기로 모임을 느긋하게 하는 일에 힘썼습니다. 그 때문인지 점차로 연구회의 팽팽한 분위기도 완화되고 나는 그 모임에 없어서는 안 될 인기인까지 되었던 것이었습니다. 이런 단순해 보이는 사람들은 내 일을 역시 자기들과 똑같이 단순하게 낙천적인 익살 연기나 하는 동지쯤으로 생각하고 있었는지도 모릅니다. 혹시 그렇다면 나는 이 사람들을 하나에서부터 열까지 속이고 있었던 셈입니다. 나는 동지는 아니었던 것입니다. 하지만 그 모임에 항상 빠지지 않고 출석하여 모두에게 익살 연기 서비스를 해왔습니다.

좋아했기 때문이었습니다. 나는 그 사람들이 마음에 들었기 때문입니다. 그러나 그것은 반드시 마르크스가 만들어준 친밀감은 아니었습니다.

비합법. 나로서는 그것이 막연히 즐거웠던 것입니다. 오히려 기분이 좋았습니다. 이 세상에 합법이라는 것이 오히려 두렵고 (그것에는 정체를 알 수 없는 존재를 예감하지 않을 수 없습니다) 그 구조를 알 수 없으며, 도저히 그 창문이 없고 뼛속까지 추위가 스며드는 방에는 앉아 있을 수 없어 밖이 비합법적인 바다이긴 해도 그곳으로 뛰어들어 헤엄치다가 끝내는 죽음에 이르는 쪽이 나로서는 훨씬 편한 느낌이 드는 것 같았습니다.

떳떳하게 살아가지 못하는 사람이라는 말이 있습니다. 인간 세상에서 처참한 패배자, 악덕업자를 지칭하는 말 같은 것인데, 나는 내가 태어날 때부터 떳떳지 못한 사람 같은 느낌이 들어 세상으로부터 떳떳하지 못한 사람이라고 손가락질당할 만큼의 사람과 마주치면 반드시 상냥한 마음이 되는 것입니다. 그리고 그 '상냥한 마음씨'는 스스로가 반할 정도로 부드러운 마음씨였습니다.

또한 범죄 의식이라는 말도 있습니다. 나는 이 인간 세상에서 평생을 그 의식으로 고통당하면서도 그 의식은 내 조강지처처럼 훌륭한 반려자이고 그 친구와 둘만이 쓸쓸하지만 흥겹게 놀아대는 것도 내가 살아가는 자세의 하나인지도 모르겠습니다. 또한 속된 표현으로 정강이에 상처가 있는 몸*이라는 말도 있듯이 그 상처는 내가 아기였을 때부터 자연스럽게 정강이

---

* 정강이에 상처가 있는 것을 감추기라도 하듯 누구에게도 털어놓을 수 있는 비밀이나 과거의 과오를 안고 있는 상태.

에 나타나서 장기간에 걸쳐 치료는커녕 점점 깊어만 가고 급기야는 뼈에까지 다다르며 밤마다 겪는 고통은 변화무쌍한 지옥이라고 하는데 그러나(이것은 대단히 기묘한 말투이지만) 그 상처는 점점 내 *혈육보다* 친해지고 그 상처의 아픔은 즉 상처가 살아가는 감정 또는 애정의 속삭임으로까지 생각되었습니다. 그런 남자에게 예의 그 지하운동 그룹의 분위기가 이상할 정도로 안심되어 마음이 놓이고 그 운동의 본래 목적보다 기질이 나에게 맞는다는 느낌이 들었습니다.

호리키는 단지 바보의 짓궂음으로 한번 나를 소개하러 그 모임에 갔을 뿐으로 마르크스주의자는 생산 면의 연구와 동시에 소비 면의 시찰도 필요하다는 등 시답잖게 멋 부리는 말을 하며 그 모임에는 나오지 않고 특히 나를 그 소비 면의 고찰 쪽으로만 끌어들이고 싶어 하는 것이었습니다. 생각해 보니 당시에는 다양한 형태의 마르크스주의자가 있곤 했었습니다. 호리키처럼 허영심으로 가득한 모더니스트를 비롯해서 마르크스주의자를 자칭하는 사람도 있고 또한 나처럼 다만 비합법의 냄새가 맘에 들어서 그곳에 죽치고 있는 사람도 있으니 혹시 이들의 실체가 마르크스주의의 진정한 신봉자에게 발각되면 호리키도 나도 맹렬한 분노를 사고, 비열한 배신자로 당장 쫓겨나 버릴 것입니다. 그러나 나는 물론 호리키까지도 좀처럼 제명 처분을 받지 않고 특히 나는 그 비합법의 세계에서는 합법 내 신사들의 세계에서보다 오히려 이른바 느긋하고 '건강'하게 행동할

● 　원문에 이탤릭체로 표기되어 있다.

수 있었으므로 장래가 기대되는 '동지'로서 과시하고 싶을 정도로 비밀리에 다양하고 지나친 볼일을 부탁받을 정도가 되었던 것입니다. 또한 사실, 나는 그런 볼일을 한 번도 거절한 적이 없고 아무렇지 않게 뭐든지 떠맡고 특별히 어색하게 굴다가 개(동지들은 경찰을 그렇게 불렀습니다)가 수상히 여겨 불심검문을 받는 실수를 범하는 일도 없었고 웃으면서 그리고 다른 사람을 웃기면서 위험하다고(그 운동의 동지는 큰 사건처럼 긴장하고 서툴게 탐정 소설 흉내까지 내며 매우 경계하지만 나에게 부탁하는 일은 정말 어이가 없을 정도로 하찮은 것이었습니다. 그래도 그들은 그 볼일을 위험스럽게 여기며 힘을 주곤 했습니다) 그들이 그렇게 부르는 일을 어쨌든 정확하게 해내고 있었습니다. 나는 그 당시 기분으로는 당원이 되어 체포돼서 가령 종신형을 선고받아 교도소에서 썩게 되더라도 아무렇지 않았을 겁니다. 세상의 인간 '실생활'이라는 것을 무서워하면서 매일 밤 불면의 지옥에서 신음하고 지내기보다는 교도소 쪽이 훨씬 편할지도 모른다는 생각까지 했던 것이었습니다.

아버지는 사쿠라기초의 별장에서는 손님을 맞이하거나 출타하는 등 같은 집에 있어도 3, 4일이나 얼굴을 마주친 적이 없을 정도였습니다만 아무래도 아버지가 부담스럽고 두려워서 이 집을 뛰쳐나가 어딘가 하숙이라도 할까 생각하면서도 그 말을 꺼내지 못하던 터에 아버지가 이 집을 팔 생각인 것 같다는 얘기를 별장지기 노인에게서 들었습니다.

국회의원인 아버지의 임기도 이제 만기에 가까워지고 여러 가지 이유가 있음이 분명합니다만 이제는 이번을 끝으로 선거에 나갈 의지도 없는 모습이고 그래서 고향에 거처를 한 채 지을 생각에 도쿄에 미련도 버린 듯하고 한낱 고등학생에 지나지 않는 나를 위해서 저택과 별장지기를 제공하는 것도 낭비라고도 생각했는지(아버지 마음도 또한 세상 사람들과 똑같이 나로서는 잘 모르겠습니다만) 어쨌든 그 집은 곧 다른 사람의 손에 넘어가고 나는 홍고 모리카와초의 센유칸仙遊館이라는 오래된 하숙의 어둑한 방으로 이사하고는 곧바로 돈에 쪼들렸습니다.

그때까지 아버지에게서 매달 일정 금액을 용돈으로 받아 불과 2, 3일 만에 다 써버려도 담배며 술이며 치즈며 과일이 언제나 집에 있었고, 책이나 문방구나 그 외 복장에 관한 것 등 모두가 언제라도 근처의 가게에서 이른바 '외상'으로 구할 수 있었으며, 호리키에게 메밀이나 튀김덮밥 등을 사주어도 아버지의 단골 가게였으므로 나는 말없이 그 가게를 나서도 상관없었습니다.

그러다가 갑자기 하숙에서 혼자 살게 되었고 무엇이든 다달이 송금으로 해결해 나가지 않으면 안 되자 나는 휘청거렸습니다. 송금해 온 돈이 여전히 2, 3일 만에 바닥나면 나는 소름이 끼칠 정도로 겁이 나고 불안한 나머지 미칠 정도가 되어 아버지, 형, 누나 등에게 번갈아 돈을 보내달라는 전보를 쳐댔고, 편지(이 편지에서 호소하는 사정은 모두 익살 연기의 허구였습니다. 다른 사람에게 부탁할 때 우선 그 사람을 웃기는 것이 상책이라고 생각하고 있었습니다)를 연속적으로 발송하는 한편 호리키에게 배운 대로 전당포를 드나들기 시작했지만 그래도 항상 돈에 쪼들리고 있었습니다.

어차피 나에게는 아무런 연고도 없는 하숙에서 혼자 '생활'
해 나갈 능력이 없었던 것입니다.

나는 하숙의 그 방에 혼자서 꼼짝하지 않고 있는 것이 두렵
고 당장이라도 누군가에게 일격을 당할 것 같은 느낌이 든 나
머지 거리로 뛰쳐나가서는 예의 그 운동을 돕거나 호리키와 함
께 쏘다니며 싸구려 술을 마시거나 학교 공부며 그림 공부는
거의 포기한 데다가 고등학교에 입학하여 2학년 11월에 남편이
있고 나보다 연상인 부인과 동반자살 사건을 일으키는 바람에
내 신상은 완전히 바뀌었습니다.

학교는 결석하거나 학과 공부를 전혀 하지 않았지만 그래도
묘하게 시험의 답안 작성 요령은 잘 터득한 것 같아서 그럭저럭
그때까지 고향의 부모를 용케도 감쪽같이 속여왔습니다만 슬
슬 출석 일수 부족 등 학교 쪽에서부터 비밀리에 육친의 고향
으로 보고가 간 듯 아버지를 대신해서 큰형이 살벌한 장문의
편지를 나에게 보내오게 되었던 것입니다. 하지만 그것보다도
나에게 직접적인 고통은 돈이 없다는 사실과 예의 그 운동에서
일이 도저히 반쯤은 놀이 삼아 할 수 없을 정도로 과격하고 바
쁘게 되었다는 사실이었습니다.

중앙지구인지 무슨 지구라고 했는지 어쨌든 홍고, 고이시카
와, 시모야, 간다 주변 모든 학교의 마르크스 학생 행동대 대장
이라는 자리에 내가 올랐던 것이었습니다. 무장봉기라 듣고는
작은 나이프를 사서(지금 생각하면 그것은 연필을 깎는 데도 부족한
가냘픈 칼이었습니다) 레인코트 주머니에 넣고 여기저기 뛰어다니
며 이른바 '연락'을 취하는 것이었습니다. 술을 마시고 푹 자고

싶었지만 그럴 돈이 없었습니다. 게다가 P(당을 그렇게 은어로 불렀던 것으로 기억하지만 어쩌면 틀렸을지도 모릅니다)로부터는 점차 숨도 쉴 수 없을 정도로 작업 의뢰가 들어옵니다. 병약한 내 몸으로는 도저히 당해낼 수 없을 것 같았습니다. 애당초 비합법에만 흥미를 느끼는 바람에 그 그룹을 돕고 있었습니다만 이렇게 그것이야말로 농담에서 시작한 것이 뜻밖에 몹시 바쁘게 되자 나는 살며시 P 사람들에게 번지를 잘못 찾았습니다. 당신들 직계 사람들에게 시키면 어떨까요? 등 분노가 치밀어오르는 것을 막을 도리가 없어 도망을 쳤습니다. 도망치고는 역시 기분이 엉망이어서 죽기로 했습니다. 그 무렵 나에게 호의가 있는 여자가 셋 있었습니다.

한 사람은 내가 하숙하고 있는 센유칸의 딸이었습니다. 이 여인은 내가 예의 운동을 돕느라 파김치가 되어서 돌아와 밥도 먹지 않고 곯아떨어지면 반드시 메모지와 만년필을 가지고 내 방으로 와서

"미안해요. 아래층에서는 여동생과 남동생이 시끄러워서 여유 있게 편지조차 쓸 수 없어요"라며 뭔지 내 책상 앞에 앉아서 한 시간 이상이나 쓰고 있는 겁니다. 나 또한 모르는 척하고 잠을 자면 좋을 텐데 아무래도 그 여인이 나에게 뭔가 말해 주길 바라는 듯한 모습인 것 같아 예의 그 수동적인 봉사 정신을 발휘하여 실로 한마디도 하고 싶지 않지만, 흐느적거리는 지친 몸으로 음 하고 기합을 넣고 배로 기어가서는 담배를 피워물고

"여자에게 온 연애편지로 목욕물을 데워 탕에 들어간 사람이 있답니다."

"어머, 망측해라. 당신이지요?"

"우유를 데워서 마신 적은 있었습니다."

"영광이야. 마셔."

이 사람이 빨리 돌아가면 좋겠다. 편지라니, 뻔히 보이는데 틀림없이 허수아비를 그리고 있을 겁니다.

"보여줘."

죽어도 보고 싶지 않은 생각으로 그렇게 말했더니 어머 안 돼요, 어머 안 돼요 하며 그 기뻐하는 모습이 너무나 꼴불견이어서 흥이 싹 가실 뿐이었습니다. 그래서 나는 심부름이라도 시켜야겠다고 생각했던 것입니다.

"미안하지만 전차 거리 약국에서 칼모틴을 사다 줄래? 너무나 지치고 얼굴이 화끈거려서 오히려 잠이 안 오는군. 미안해. 돈은……."

"괜찮아. 돈 같은 거."

기쁜 마음으로 일어납니다. 심부름을 시키는 것은 결코 여자를 실망시키는 일이 아니라 오히려 여자는 남자에게 볼일을 부탁받으면 기뻐하는 법이라는 사실도 나는 꿰고 있었습니다.

또 한 사람은 여자 고등사범학교의 문과생인 이른바 '동지'였습니다. 이 사람과는 예의 운동의 일로 내키지 않아도 매일 얼굴을 마주하지 않으면 안 되었습니다. 협의가 끝나고 나서도 그녀는 끝까지 나를 따라와서 멋대로 나에게 물건을 사주는 것이었습니다.

"나를 진짜 누나라고 생각해 줘도 좋아."

그 같잖은 말에 넌더리를 치면서 나는

"그런 맘으로 지내고 있어요."

우수 띤 미소를 지으며 대답했습니다. 어쨌든 화나게 해서는 두렵다, 뭔가를 해서 속이지 않으면 안 된다는 생각 하나로 나는 결국 그 못생기고 혐오스러운 여인에게 봉사하게 되었습니다. 물건을 받으면(그 물건은 실로 보잘것없는 천박한 물건뿐으로 나는 대개 곧바로 그것을 꼬치구이집 할아버지에게 주어버렸습니다) 기쁜 듯한 표정으로 농담을 해서 배꼽을 쥐게 했습니다. 어느 여름날 밤 아무리 해도 떨어지지 않기에 거리의 어둑한 곳에서 키스해 주었더니 미친 듯이 천박하게 흥분하고 자동차를 불러 그 사람들이 운동을 위해서 빌려놓은 듯한 빌딩 사무실의 좁은 방으로 데리고 가서 아침까지 생난리를 쳐대니 나는 대책 없는 누나라고 몰래 쓴웃음을 지었습니다.

하숙집 딸도 그렇고 '동지'라는 사람도 그렇고 무슨 일이 있어도 매일 얼굴을 마주치지 않으면 안 되는 처지였기에 이제까지의 수많은 여인과 마찬가지로 노련하게 피할 수 없어 나도 모르게 낯 두껍게 예의 그 불안한 마음에서 이 두 사람의 기분을 혼신의 힘을 다해 맞춰주다가 이미 나는 이 상황에서 옴짝달싹 못 하는 처지가 되고 말았습니다.

그 무렵 나는 긴자의 어느 대형 카페 여종업원으로부터 예상 밖의 은혜를 입어 딱 한 번 만났을 뿐인데 그래도 그 은혜가 부담되어 역시 몸을 움직일 수 없을 정도로 걱정하는 등 막연한 두려움을 느끼게 되었습니다. 그 무렵이 되자 나도 감히 호리키의 안내 없이 혼자서 전철도 탈 수 있고 가부키자에도 갈 수 있고 가스리* 기모노를 입고 카페까지도 들어갈 수 있을 정도의 조금은 낮 두꺼움을 연기할 수 있게 되었던 것입니다. 마음속으로는 변함없이 인간의 자신감과 폭력을 의심하고 두려워하며 고민하면서도 표정만으로는 조금씩 타인과 진정한 얼굴로 인사하지만 아니야 달라, 나는 역시 패배의 익살 연기인 쓴웃음을 짓지 않고는 인사할 수 없는 습성이 있었지만 어쨌든 그런 습성을 버리고 갈팡질팡하는 인사라도 그럭저럭 가능할 정도의 '기량'을 예의 그 운동으로 동분서주한 덕분에? 또는 여자? 또는 술? 하지만 결정적인 것은 돈에 쪼들리며 습득하기 시작했던 것입니다. 어디에 있더라도 두렵고 오히려 대형 카페에서 많은 취객 또는 여종업원, 보이들 사이에 섞이거나 그 속으로 휩쓸려 들어갈 수 있다면 끊임없이 쫓기는 듯한 내 마음도 차분하게 되는 것은 아닐까 싶어 10엔을 가지고 긴자의 대형 카페에 혼자 들어가서 미소 지으면서 여종업원에게

"10엔밖에 없으니까. 그럴 배짱으로"

라고 말했습니다.

"걱정 붙들어 매세요."

어딘가 간사이** 사투리가 있었습니다. 그리고 그 한마디가 기묘하게 전율하는 내 마음을 진정시켜 주었습니다. 아니죠. 돈 걱정이 없어져서가 아닙니다. 그 사람 곁에 있다는 사실로 걱정이 필요 없게 된 듯한 느낌이 들었던 것입니다.

* 絣: 염색한 실로 문양을 짜는 기법 혹은 그 직물.
** 関西: 교토, 오사카, 고베 등 혼슈 서쪽에 위치한 지방을 지칭하는 말로 도쿄를 중심으로 한 간토(関東) 지방의 대상어로 지칭하는 말.

나는 술을 마셨습니다. 그 사람에게 안심하고 있었기에 오히려 익살 연기 등을 연기할 마음도 생기지 않고 내 본심인 무뚝뚝함과 어둡고 참담한 모습을 숨기지 않고 보여주며 잠자코 술을 마셨습니다.

"이런 것 맘에 드시려나?"

여자는 온갖 요리를 내 앞에 늘어놓았습니다. 나는 고개를 저었습니다.

"술만? 나도 마실래."

싸늘한 가을밤이었습니다. 나는 츠네코(라고 했던 것으로 기억합니다만 기억이 희미해서 확실하지 않습니다. 동반자살을 시도한 상대의 이름마저 잊어버리는 그런 자신입니다)에게 부탁받은 대로 긴자 뒷골목 어떤 포장마차의 초밥집에서 전혀 맛이 없는 초밥을 먹으면서(그 사람의 이름을 잊어버려도 그때의 맛없는 초밥의 기억만은 어찌 된 일인지 분명히 남아 있습니다. 그리고 주인장이 구렁이 모양의 얼굴에 빡빡 깎은 머리를 자꾸 흔들며 자못 능수능란으로 포장하며 초밥을 쥐고 있는 모습도 눈앞에 선명하게 떠오르고 나중에 전철 등 어디선가 본 듯한 얼굴이야 하며 여러 가지로 생각을 굴리다가 뭐야, 그때 초밥집 주인을 닮았군 하는 데 생각이 미쳐 쓴웃음을 지은 적도 새삼 있을 정도였습니다. 그 사람의 이름은 물론 얼굴조차 기억에서 멀어진 지금도 역시 그 초밥집 주인장의 얼굴만은 그림으로 그릴 수 있을 정도로 정확하게 기억한다는 것은 그때의 초밥이 너무나도 맛없고 나에게 추위와 고통을 안겨준 존재로 생각되었기 때문입니다. 원래 나는 맛있는 유명 초밥집으로 안내받아 동행하여 가서 먹어도 맛있다고 생각한 적은 한 번도 없었습니다. 너무나도 컸습니다. 엄지손가락 정도 크기로 꽉 쥘 수 없을 정도였나?라고 항상 생각했습니다) 그 사람을 기다리고 있었습니다.

혼조本所 대목수 집의 2층을 그 사람이 빌리고 있었습니다. 나는 그 2층에서 평상시 내 음울한 마음을 조금도 숨기지 않고 심한 치통이라도 앓고 있는 것처럼 한 손으로 뺨을 누르면서 차를 마셨습니다. 그리고 나의 그런 모습이 오히려 그 사람 마음에 들었던 모양이었습니다. 그 사람도 신변에 쌀쌀한 초겨울 바람이 불고 낙엽만이 스산하게 흩날리며 완전히 고독에 빠진 느낌의 여인이었습니다.

함께 자면서 그녀는 나보다 두 살 연상이라는 사실, 고향은 히로시마, 내게 남편이 있어. 히로시마에서 이발소를 하고 있었거든. 작년 봄 함께 도쿄로 줄행랑해 왔는데 남편은 도쿄에서 변변한 일을 하지 못했지. 그러다가 사기죄로 교도소에 있어. 나는 매일 이것저것 물품을 넣어주려고 교도소에 다니고 있지만 내일부터 그만둘 거야 등의 이야기를 하는 것이었습니다만 나는 어찌 된 일인지 여자의 신상 이야기에는 조금도 흥미를 느낄 수 없는 성격으로 그것은 여자의 말솜씨가 서툴렀는지 다시 말해서 이야기의 방점을 찍는 방법을 실수한 탓인지 암튼 나로서는 여전히 쇠귀에 경 읽기였습니다.

고독하다.

나에게는 여자의 천만 가지 신상 이야기보다도 그 혼잣말 한 마디에 절대 공감이 간다고 기대하고 있어도 이 세상의 그 어떤 여자로부터 끝내 한 번도 그 말을 들은 적이 없다는 사실을 기묘하고도 이상하게 느끼고 있습니다. 그러나 그 사람은 말로 '고독하다'고는 하지 않았지만 무언의 처절한 고독이 몸의 외곽에 작은 폭의 기류처럼 어려 있어서 그 사람에게 가까이 가면 이쪽의 몸도 그 기류에 휩싸여 나의 약간 가시 돋친 음울한 기류가 절묘하게 함께 녹는 바람에 '강바닥 바위에 눌어붙은 낙엽' 같았던 내 몸은 공포로부터도 불안으로부터도 벗어날 수 있었던 것입니다.

저 백치 매춘부들의 품속에서 안심하고 푹 잠드는 느낌과는 또한 전혀 달리(우선 매춘부들은 밝았습니다) 그 사기죄를 저지른 범인의 아내와 보낸 하룻밤은 나로서는 행복하고(이런 아주 빗나간 말을 아무런 주저함도 없이 수긍하며 사용하는 일은 내 모든 수기에서 두 번 다시 없을 겁니다) 해방된 밤이었습니다.

그러나 딱 하룻밤이었습니다. 나는 아침에 잠에서 깨어 벌떡 일어나 원래의 허접함을 연기해낼 수 있는 익살 연기자가 되어 있었습니다. 겁쟁이는 행복까지 두려워하는 법입니다. 솜으로도 상처를 입는 겁니다. 행복에 상처받는 일도 있습니다. 상처받기 전에 빨리 이대로 헤어지고 싶다고 조급하게 굴며 예의 익살 연기로 연막을 치는 것입니다.

"돈 떨어지면 인연이 끊어진다고 하는 말은 말이에요. 그것은 해석이 거꾸로예요. 돈이 떨어지면 여자에게 차인다는 의미가 아니야. 남자에게 돈이 없어지면 남자는 그저 스스로가 의기소침해지고 무기력해지고 웃음소리에도 힘이 빠지고 그래서 묘하게 뒤틀리거나 하고 말이에요, 결국에는 자포자기 심정이 되어 남자 쪽에서 여자를 차버리고 반미치광이가 되어 차고 또 차고 찬다는 의미야. 가나자와 대사전이라는 책을 보면 가련하게도 나로서도 그 기분을 알 것 같아."

확실하게 그런 바보스러운 말을 하여 츠네코에게 웃음을 터뜨리게 한 것 같은 기억이 있습니다. 오래 머무르는 것은 금물이다, 위험이 있다며 세수도 하지 않고 재빨리 빠져나왔습니다만 그때 나의 "돈 끊어지면 인연이 끊어진다"라는 적당히 내뱉은 말이 나중에 이르러 뭔가 앙금으로 남았던 것입니다.

그리고 한 달, 나는 그날 밤의 은인과는 만나지 않았습니다. 헤어지고 며칠이 지나자 기쁨은 희미해지고 우연히 그 은혜를 받은 것이 오히려 어쩐지 두렵고 스스로 멋대로 속박을 느껴왔고 그 카페의 계산을 그때 모두 츠네코에게 부담시켜 버린 속된 일까지 점점 마음에 부담을 느끼기 시작하고 츠네코도 역시 하숙집 딸이나 저 여자 고등사범학교 학생과 똑같이 나에게 협박만 일삼는 여자처럼 생각되고, 멀리 떨어져 있지 않으면서도 끊임없이 츠네코에게 가위눌리고 있고, 게다가 함께 잔 적이 있는 어떤 여인과 다시 맞닥뜨리면 그때 여인 쪽에서 느닷없이 뭔가 불같이 화를 낼 듯한 느낌이 들어서 견딜 수 없어 만나는 데 상당히 귀찮아하는 성질이었으므로 마침내 긴자는 멀리하고 있었습니다만 그러나 그 귀찮아하는 성질은 결코 나의 교활함 때문이 아니라 여성이라는 존재는 잠자고 나서의 일과 아침에 일어나고 나서의 일 사이에 단 하나의 먼지 정도의 연결고리조차 갖고 있지 않고 완전한 망각한 것처럼 멋지게 두 세계를 단절시킨 채 살아간다는 이상한 현상을 아직 이해하지 못했기 때문이었습니다.

11월 말에 나는 호리키와 간다의 포장마차에서 싸구려 술을 마셨는데 이 악동 친구는 그 포장마차에서 나왔을 때 이미 돈이 떨어졌는데 그래도 또 어딘가에서 마시자고 자꾸 떼를 썼습니다. 그때 나는 취해서 대담해진 탓도 있었습니다만

"좋아, 그렇다면 꿈의 나라로 데려가지. 놀라지 마, 주지육림이라는……."

"카페야?"

"그래."

"가자!"

라는 사태가 되어 두 사람은 시전*을 탔고, 호리키는 으스대며

"나는 오늘 밤 여자에 목말라 있어. 호스티스에게 키스해도 괜찮을까?"

나는 호리키가 그렇게 술에 취해서 호기를 부리는 것을 그다지 좋아하지 않았습니다. 호리키도 그것을 알고 있으므로 나에게 그런 다짐을 하는 것이었습니다.

"괜찮겠어? 키스한다. 내 옆에 앉은 호스티스에게 반드시 키스해 보일 거야. 알겠지?"

"별문제 없지 않을까?"

"고마워. 나는 여자에 목말라 있어."

긴자 4가에 내려 그 이른바 주지육림의 대형 카페에 츠네코를 부여잡을 만한 유일한 동아줄로 삼아 거의 무일푼으로 들이닥쳐서 빈자리에 호리키와 마주 보고 앉은 순간 츠네코와 또 다른 여급이 달려왔습니다. 그런데 그 여급이 내 옆에 그리고 츠네코는 호리키 옆에 털썩 앉았으므로 나는 깜짝 놀랐습니다.

---

* 　市電: 도로 위를 달리던 전차.

츠네코는 이제 곧 키스당한다.

아깝다는 느낌은 들지 않았습니다. 나에게는 원래 소유욕이란 것은 희미하고 또한 간혹 아깝다는 기분이 들기는 하지만 그 소유권을 과감하게 주장하며 다른 사람과 싸울 정도의 기력이 없었습니다. 나중에 나는 내 내연의 아내가 당하는 현장을 잠자코 보고만 있던 일까지 있을 정도입니다.

나는 인간의 다툼에 가능한 한 관여하고 싶지 않았습니다. 그 소용돌이 속으로 말려드는 것이 무서웠습니다. 츠네코와 나는 단 하룻밤만의 관계입니다. 츠네코는 내 것이 아닙니다. 아깝다는 등의 우쭐한 욕심은 내가 가질 수 있을 리 없습니다. 하지만 나는 화들짝 놀랐습니다.

내 눈앞에서 호리키의 맹렬한 키스를 받는 그 츠네코의 신상을 불쌍하게 생각했기 때문이었습니다. 호리키에게 더럽혀진 츠네코는 나와 헤어지지 않으면 안 될 것이다. 게다가 나에게도 츠네코를 붙잡을 정도로 긍정적인 정열은 없다. 아, 이제 이것으로 끝이다 하며 츠네코의 불행에 한동안 화들짝 놀라기는 했지만, 곧장 나는 물처럼 순수하게 체념하고 호리키와 츠네코의 얼굴을 견주어보며 히죽히죽 웃었습니다.

그러나 사태는 실로 뜻하지 않게 더 나쁘게 전개되었습니다.

"못 하겠어!"

라고 호리키는 입을 비쭉거리며 말하고

"정말로 나는 이런 가난에 찌든 여자하고는……."

완전히 질린 듯 팔짱을 끼고 츠네코를 빤히 쳐다보며 쓴웃음을 짓고 있었습니다.

"술 좀. 돈은 없어."

나는 작은 소리로 츠네코에게 말했습니다. 그때야말로 쏟아 부을 듯 마시고 싶은 기분이었습니다. 이른바 속물의 시선으로 보면 츠네코는 취한 자가 키스하고 싶은 대상조차 아닌 그저 초라한 가난뱅이 여인이었던 것이었습니다. 뜻하지 않게 의외로 나로서는 날벼락에 산산조각이 난 느낌이 들었습니다. 나는 이제까지 전례가 없을 정도로 마음껏 술을 마시고 몹시 취해서 츠네코와 얼굴을 마주 보고 슬픈 미소를 서로 주고받으며 정말로 그런 말을 듣고 보니 이 친구는 매우 피곤해하고 가난하기 짝이 없는 여인이군 하는 생각과 동시에 돈 없는 사람들끼리 친목(빈부의 불화는 진부하게 보여도 역시 드라마의 영원한 테마의 하나라고 나는 지금은 생각하고 있습니다만), 그 친구와 그 친화감이 가슴에 울컥 솟는 바람에 츠네코가 사랑스럽고 태어나서 이때 처음으로 내 쪽에서 먼저 미약하지만 적극적으로 사랑의 마음이 꿈틀대는 것을 자각했습니다. 토했습니다. 앞뒤 분간을 못 했습니다. 술을 마시고 이렇게 자아를 상실할 정도로 취한 것도 그때가 처음이었습니다.

잠을 깼더니 베갯머리에 츠네코가 앉아 있었습니다. 혼조의 2층 방에서 잠들었던 것이었습니다.

"돈 떨어지면 인연도 끝장이라는 둥 말씀하시길래 농담인가 했더니 정말인지 들르지 않더군요. 이해할 수 없는 절연이네요. 내가 벌어먹여도 안 되나?"

"안 돼."

그리고 여자도 잠이 들고 날이 샜습니다. 여자 입에서 '죽음'

이란 말이 처음으로 나오고 여자도 인간으로서 삶에 완전히 지친 듯한 데다 나 또한 세상에 대한 공포, 번거로움, 돈, 예의 그 운동, 여자, 학업, 생각하니 도저히 이 이상 참고 살아갈 수 있을 것 같지 않아서 그 사람의 제안에 가벼운 마음으로 동의했습니다.

하지만 그때에는 아직 실감으로서 '죽자'라는 각오는 되어 있지 않았습니다. 어딘가에 '유희'가 숨어 있었던 것입니다.

그날 오전 두 사람은 아사쿠사의 롯쿠를 서성거리고 있었습니다. 찻집에 들어가서 우유를 마셨습니다.

"당신이 내세요."

내가 선 채 소맷자락에서 지갑을 꺼내 열자 동전이 세 잎, 부끄럽다기보다는 처참하다는 생각이 들어서 순식간에 뇌리에 스치는 것은 센유칸의 내 방, 제복과 이불만 남겨져 있을 뿐으로 뒤에는 저당 잡힐 만한 물건 하나조차 없는 황량한 방, 그 외에는 내가 지금 입고 다니는 가스리 기모노와 망토, 이것이 나의 현실이다. 살아갈 수 없다고 절절히 뼈저리게 느꼈습니다.

내가 주저하는 바람에 여자도 일어서서 내 지갑을 들여다보며

"뭐야? 겨우 그거만 달랑?"

사심 없는 목소리였습니다만 이것이 또한 뼈에 사무치도록 저린 것이었습니다. 처음으로 내가 사랑하는 사람의 목소리인 만큼 뼈아팠던 것입니다. 그거만 달랑이든 이거만 달랑이든 동전 세 잎은 도저히 돈이 아닙니다. 그것은 내가 이전에 경험한 적이 없는 기묘한 굴욕이었습니다. 도저히 살아 있을 수 없는 굴욕이었습니다. 아마 그 당시 나는 아직 부잣집 도련님이라는

종족에서 완전히 벗어나지는 않았을 것입니다. 그때 나는 자진해서 죽으려고 실감으로 결의했던 것입니다.

그날 밤 우리는 가마쿠라의 바다로 뛰어들었습니다. 여자는 이 오비*는 가게의 친구에게 빌린 것이므로 하며 오비를 풀어 잘 개서 바위 위에 놓고 나도 망토를 벗어서 같은 장소에 놓고 함께 물로 뛰어들었습니다.

여자는 죽었습니다. 그리고 나만 살았습니다.

나는 고등학생이고 또한 아버지의 명성으로도 이른바 얼마간 뉴스의 가치가 있었는지 신문에서도 커다란 이슈로 다루게 되었습니다.

나는 바닷가 병원에 수용되었고 고향에서 친척 한 사람이 달려와서 이것저것 뒷수습을 해주며 그렇게 고향의 아버지를 비롯해 가족 전체가 몹시 분노한 상태이므로 이것으로 생가와는 의절할지도 모른다고 나에게 포고를 하고 돌아갔습니다. 하지만 나는 그런 일로 죽은 츠네코가 그리워서 훌쩍거릴 뿐이었습니다. 정말로 지금까지 만난 사람 가운데 가난에 찌든 츠네코만은 사랑했기 때문입니다.

하숙집 딸에게서 단카**를 50수나 연이어 적은 기나긴 편지가 왔습니다. '살아달라'는 이상한 말로 시작되는 단카뿐이었습니다. 또한 내 병실에 간호사들이 밝게 웃으며 놀러 와서는 내 손을 꽉 잡았다가 돌아가는 간호사도 있었습니다.

---

* 帶: 기모노를 몸에 고정하기 위해 허리에 두르는 폭넓은 띠.
** 短歌: 5–7–5–7–7의 31음으로 이루어진 일본의 정형시.

내 왼쪽 폐에 고장이 있는 것이 그 병원에서 발견되었고 이것이 나에게 매우 운 좋게 작용하여 이윽고 나는 자살방조죄라는 죄명으로 병원에서 경찰서로 연행되어 갔습니다만 경찰에서는 나를 환자 취급을 해주는 바람에 특별히 보호실로 수용되었습니다. 심야, 보호실 옆 숙직실에서 불침번을 서는 늙은 순경이 사잇문을 살짝 열고

"여보게!"

라고 나에게 말을 걸고는

"춥지? 이쪽으로 와 불을 쬐게"

라고 말했습니다.

나는 일부러 풀죽은 모습으로 숙직실에 들어가서는 의자에 걸터앉아서 화롯불을 쬐었습니다.

"역시 죽은 여인이 그립겠지?"

"네."

일부러 꺼져 들어가는 가느다란 목소리로 대답했습니다.

"그게 바로 인정이라는 거지."

그는 점점 거창하게 작정하고 나섰습니다.

"처음으로 여자와 관계한 곳은 어디야?"

거의 재판관처럼 거들먹거리며 묻는 것이었습니다. 그는 나를 어린아이로 깔보고 가을밤의 따분함에 마치 그 자신이 수사의 주임이기라도 한 것인 양 벼르며 나에게서 외설스러운 이야기를 끄집어내려는 수작 같았습니다. 나는 이미 그것을 간파하고 웃음이 터지려는 것을 꾹 참느라 혼신의 힘을 다하고 있었습니다. 그런 순경의 '비공식적 심문'에는 일절 대답을 거부해도

상관없다는 사실은 나도 잘 알고 있었습니다만 그러나 긴긴 가을밤의 흥을 돋우려고 나는 어디까지나 착하게 그 순경이야말로 수사 주임이고 형벌의 경중에 관한 결정도 그 순경의 생각 하나에 달렸다는 사실을 굳게 믿어 의심치 않는다는 듯이 이른바 성의를 나타내고 그의 호색적인 호기심을 약간 만족시키는 정도로 적당히 '진술'을 하는 것이었습니다.

"음, 그것으로 대충 알았어. 하긴 정직하게 대답하면 우리 쪽에서도 정상을 참작할 거야."

"고맙습니다. 잘 부탁드립니다."

거의 신들린 연기였습니다. 하지만 자신을 위해서는 아무런 소득이 없는 역동적인 연기였던 것입니다.

먼동이 튼 뒤 나는 서장에게 불려 갔습니다. 이번에는 본격적인 수사인 것입니다.

문을 열고 서장실로 들어선 순간에

"오오, 멋진 사나이군. 이건 네가 나쁜 게 아니야. 이런 훌륭한 사내로 낳은 네 어머니가 나쁜 거야."

얼굴이 거무스레하지만 대학을 나온 듯한 느낌의 아직은 젊은 서장이었습니다. 갑자기 그런 말을 들은 나는 내 얼굴 반쪽에 붉은 반점이라도 있는 듯 보기 흉한 장애인 같은 비참한 느낌이 들었습니다.

이 유도인지 검도인지 선수 같은 서장의 수사는 실로 간결하고 명백해서 그 심야에 늙은 순경의 소곤대는 집요하기 짝이 없는 호색적 조사와는 천지 차이였습니다. 서장은 심문이 끝나고 검사국에 보내는 서류를 작성하면서

"몸을 튼튼하게 해야 해. 객담이 나오는 것 같지 않아?"
라고 말했습니다.

그날 아침 이상하게 기침이 나와서 그때마다 손수건으로 입을 막았습니다만 그 수건에 빨간 우박이 내린 것처럼 피가 묻어 있었던 것입니다. 하지만 그 피는 목구멍에서 나온 것이 아니라 어젯밤 귀밑에 생긴 작은 종기를 주무르다가 그 종기에서 나온 것이었습니다. 그러나 나는 그것을 밝히지 않는 쪽이 편할 수도 있다는 느낌이 문득 들었던 것입니다. 다만

"예"

라고 시선을 아래로 떨구고 자못 그럴싸하게 대답해 두었습니다.

서장은 서류 작성을 마치고

"기소가 될지 말지 그것은 검사 영감님이 결정할 일이지만 네 신원을 인수받을 사람에게 전보든 전화든 오늘 요코하마의 검사국으로 와달라고 부탁해 두는 편이 낫겠어. 누군가 있겠지? 네 보호자인가 보증인인가 하는 사람이."

아버지의 도쿄 별장을 드나들던 서화 골동 상인 시부타渋田는 우리와 동향으로 아버지에게 아첨꾼 역도 겸하고 있던 키가 작달막한 독신의 40대 남자인데, 그가 우리 학교의 보증인이라는 사실을 나는 생각해 냈습니다. 그 남자의 얼굴이 특히 눈매가 넙치를 닮아서 아버지가 항상 넙치라고 부르는 바람에 나도 그 호칭에 익숙해 있었습니다.

나는 경찰의 전화부를 빌려서 넙치네 집 전화번호를 찾아 넙치에게 전화해서 요코하마 검사국으로 와달라고 부탁했더니 넙치는 사람이 변한 듯 건방진 어조였지만 좌우지간 떠맡아 주

었습니다.

"야, 이 전화기 빨리 소독하는 게 좋을 거야. 어쨌든 객담이 나왔으니까 말이야."

내가 다시 보호실로 인도되고 나서 순경들에게 그렇게 분부를 내리는 서장의 큰 목소리가 보호실에 앉아 있는 내 귀에까지 들렸습니다.

정오를 지나 나는 가느다란 마로 된 밧줄로 몸이 묶이고, 그것을 망토로 감추는 것이 허가되었습니다만 그 밧줄 끝을 젊은 순사 두 사람이 꽉 잡은 채 함께 전철을 타고 요코하마로 향했습니다.

하지만 나에게는 조금의 불안도 없는 데다가 그 경찰의 보호실도 늙은 순경도 그리우니 아, 나는 어째서 이렇게 되었을까요? 죄인으로서 묶이자 오히려 마음이 놓이고 그래서 편한 마음으로 그때의 추억을 집필하는 지금 이 순간에도 정말로 느긋하고 유쾌한 기분입니다.

그러나 그 시기의 그리운 추억 가운데에도 딱 한 가지 식은땀 서 말의 평생 잊을 수 없는 비참한 실패가 있었습니다. 나는 검사국의 어둑한 한 방에서 검사의 간단한 심문을 받았습니다. 검사는 마흔 살 전후의 차분하고(혹시 나를 미남이라고 쳐도 그것은 이른바 문란하고 절제가 부족한 미모였음이 틀림없지만 그 검사의 얼굴은 올곧은 미남이라고 할 만큼 총명하고 차분하며 안정된 느낌이 있었습니다) 작은 일에 휘둘리지 않는 인품으로 보였기에 나는 전혀 경계하지 않고 무심코 진술했습니다만 갑자기 예의 그 기침이 나오는 바람에 소맷자락에서 손수건을 꺼내다 문득 그 피를 보고는 이 기침도 뭔가 도움이 될지 모른다는 얄팍한 술수를 생각한 나머지 콜록콜록 두 번쯤 가짜 기침을 부풀려서 덧대고 손수건으로 입을 막은 채 검사의 얼굴을 흘깃 쳐다본 순간

"정말이야?"

절제된 미소였습니다. 식은땀 서 말, 아니 지금 떠올려도 환장할 지경입니다. 중학교 시절에 저 멍청한 다케이치로부터 꼼수, 꼼수라는 말을 듣고 뒤통수를 맞은 채 발길에 차여 지옥으로 떨어진 그때 이상이라고 해도 결코 지나친 말이 아닌 느낌입니다. 그것과 이것 중 두 가지가 내 생애에서 연기 대참패 기록입니다. 검사의 저 차분한 모멸과 맞닥뜨리기보다는 오히려 10년 형을 선고받는 쪽이 나을 거라는 생각까지 때때로 들 정도입니다.

나는 기소유예 처분을 받았습니다. 하지만 전혀 기쁘지 않았고 세상에 대해 참담한 기분으로 검사국 대기실 벤치에 걸터앉아 내 신병을 인수할 넙치가 오기를 기다리고 있었습니다.

등 뒤의 높은 창문으로 저녁노을이 진 하늘이 보이고 갈매기가 '女(여)'라는 글자 형태로 날고 있었습니다.

제3의 수기

1

다케이치의 예언 중 하나는 적중하고 하나는 빗나갔습니다. 남들이 나를 보고 뽕 간다는 명예롭지 못한 예언은 적중했지만 틀림없이 위대한 화가가 될 거라는 축복의 예언은 빗나갔습니다. 나는 기껏해야 조악한 잡지의 무능한 무명 만화가가 된 게 고작이었습니다.

가마쿠라 사건 때문에 고등학교에서 추방당한 뒤 나는 넙치의 집 2층 다다미 석 장짜리 방에서 기거하며 고향에서 다달이 보내주는 아주 적은 월정액, 그것도 직접 내 앞이 아니라 넙치 앞으로 몰래 보내지고 있는 듯했지만(게다가 그것은 고향의 형들이 아버지 몰래 보내주는 형식이 되고 있었던 듯했습니다), 그것뿐으로 나머지 고향과의 연결은 완전히 끊어져 버리고 넙치는 항상 뾰로통한 채 내가 비위를 맞추는 미소를 지어도 웃지 않고 인간이 이렇게도 간단하게 손바닥을 뒤집듯이 표변할 수 있는 것인가

할 정도로 천박하고 아니, 오히려 우스꽝스럽게 여겨질 정도의 무지막지한 돌변으로

"나가면 안 돼요, 어쨌든 나가지 마세요."

그 말만 내게 했습니다.

넙치는 자살할 위험이 있다고 노려보고 있는 듯, 다시 말해 여자의 뒤를 따라서 또다시 바다로 뛰어들거나 할 위험이 있다고 파악하고 있는 듯 내 외출을 단호하게 금지하고 있었습니다. 하지만 술도 마실 수 없고 담배도 피울 수 없고 그저 아침부터 저녁까지 2층의 다다미 석 장짜리 방의 고타츠*에 몸을 묻고 지나간 잡지 따위를 뒤적거리며 백수건달 같은 생활을 하는 나로서는 자살할 기력조차 잃어버렸습니다.

넙치의 집은 오쿠보의 의학전문학교 근처에 있는데 서화 골동품상, 세류온青龍園 등 간판의 글자만은 상당히 그럴싸해도 한 채에 들어선 두 집 중 한 집으로 가게 입구도 좁고 가게 안은 먼지를 뒤집어쓴 잡동사니만 적당히 진열되어 있고 (하긴 넙치는 그 가게의 잡동사니로 장사하는 것은 아니고 이른바 이쪽 주인 비장의 물건을 이른바 저쪽 주인에게 소유권을 넘길 때 등에 관여하여 돈을 벌고 있는 듯합니다) 넙치는 가게를 지키는 일은 거의 없고 대개 아침부터 언짢은 표정으로 허둥지둥 출근하고 집에는 열일고여덟쯤의 점원이 혼자 나를 감시하는 망보기 역할을 하는 셈으로 짬만 나면 근처 아이들과 밖에서 캐치볼 등을 하면서도 2층의 식객을 마치 등신이나 미친 사람 정도로 생각하고 있는 듯 어른

---

*　炬燵: 열판 위에 테이블을 얹고 그 위에 이불을 얹어 그 속에 하반신을 넣어 덥히는 난방기구.

들의 타이르는 투의 말까지 나에게 들려주었습니다. 나는 타인과 언쟁할 수 있는 성격이 아니므로 지친 듯한 혹은 감동한 듯한 표정으로 그 말에 귀를 기울이며 복종하고 있었습니다. 이 아이는 시부타의 숨겨놓은 자식인데 그래도 이상한 사정이 있어서 시부타는 이른바 부자간이라고 밝히지는 않았고, 또한 시부타가 오랫동안 독신인 것도 아무래도 그 이면에는 이유가 있어서인 것 같으며, 나도 이전에 우리 집에 있는 사람들에게서 그것에 대한 소문을 들은 것 같은 느낌도 들지만 나는 아무래도 타인의 신상에는 그다지 흥미를 느낄 수 없는 편이므로 깊은 사정은 아무것도 모릅니다. 그러나 그 아이의 눈초리에도 묘하게 물고기의 눈을 연상시키는 데가 있었기에 어쩌면 정말로 넙치의 숨겨놓은 자식…… 하지만 그렇다면 둘은 실로 쓸쓸한 부자간이었습니다. 밤늦게 2층의 나에게는 비밀로 하고 둘이 메밀 등을 배달시켜서 조용히 먹는 일이 있었습니다.

넙치 집에서는 식사는 항상 그 아이가 준비하고 2층의 귀찮은 자의 식사만은 별도로 쟁반에 얹어서 아이가 세 끼를 2층으로 가져다주고 넙치는 계단 아래쪽의 눅눅한 다다미 넉 장 반짜리인지 하는 방에서 뭔가 접시와 작은 그릇이 부딪는 덜거덕 소리를 내면서 바쁜 듯이 식사하는 것이었습니다.

3월 말의 어느 날 저녁 넙치는 뜻하지 않게 돈 버는 일이라도 얻어걸렸는지 아니면 뭔가 책략이라도 있었는지(그 둘의 추론이 함께 적중했다 하더라도 어쩌면 거기에 더해서 몇 가지인가 나 같은 사람은 도저히 추론할 수 없는 자잘한 원인도 있었겠지만) 보기 드물게 나를 아래층 술을 곁들인 식탁으로 초대해서 넙치답지 않게 다랑

어회에 한턱을 내는 주인 스스로가 감탄하며 자화자찬하는 바람에 이를 어리둥절해하는 식객에게도 술을 조금 권했습니다.

"어떻게 할 생각이에요, 대체? 지금부터."

나는 그 말에는 대답하지 않고 상 위 접시의 말린 정어리포를 집어들어 그 작은 물고기의 은빛 눈동자를 바라보고 있자니 취기가 어렴풋이 돌아 한창 놀던 시절이 그리워지고 호리키까지 보고 싶은 데다가 뼈저리게 '자유'가 그리워져 문득 나약하게 울음을 터뜨릴 것 같았습니다.

내가 이 집에 들어오고 나서는 익살 연기를 할 긴장감마저 없어지고 다만 넙치와 아이의 멸시 속에서 누워지내고 넙치도 또한 나와 탁 터놓고 긴 이야기를 나누는 것을 피하는 모습인 데다가 나도 넙치에게 당장 뭔가를 호소할 마음 따위는 생기지 않아 거의 완전히 주변머리 없는 식객이 되고 말았던 것입니다.

"기소유예라는 것은 전과가 몇 범이냐 하는 식으로 기록되는 일은 아닌 모양이에요. 그러니 뭐 당신의 마음가짐 하나로 갱생이 가능할 수 있을 거예요. 당신이 혹시 마음을 바꾸어 진지하게 나에게 상담을 해온다면 나도 생각해 볼랍니다."

넙치가 말하는 방식에는 아니, 세상 모든 사람이 말하는 방식에는 이처럼 까다롭고 어딘가 애매해서 도피라고도 할 만한 미묘한 복잡함이 있는데, 그 대부분이 무익하다고 여겨질 정도의 엄중한 경계와 과잉이라 해도 괜찮을 정도의 장황한 흥정에 항상 나는 당혹하고 어찌 됐든 상관없다는 기분이 되어서 익살 연기로 얼버무리거나 또는 무언의 수긍으로 일체를 맡긴다는 이른바 패배의 태도를 취하고 마는 것이었습니다.

이때가 되면 넙치가 나를 향해서 대개 다음과 같이 간단하게 보고하면 그것으로 해결되는 일이라는 것을 나는 몇 년이 지나서야 알게 되었고 넙치의 불필요한 조심, 아니 세상 사람들의 이해할 수 없는 허영, 체면에 말로 다할 수 없이 심하게 답답하고 울적한 생각을 했습니다.

넙치는 그때 이렇게 말했으면 좋았을 것이었습니다.

"관립이든 사립이든 어쨌든 4월부터 어딘가 학교에 들어가세요. 당신 생활비는 학교에 들어가면 고향에서 어쨌든 더 충분히 보내오게 되어 있어요."

시간이 한참 지나고 나서 알게 되었습니다만 사실은 그 말대로 되었습니다. 그리고 나도 그 분부에 따랐을 겁니다. 그런데 넙치의 경계심 많고 유별나게 돌리는 말투 때문에 묘하게 뒤틀리고 나의 살아가는 방향도 완전히 바뀌고 말았던 겁니다.

"진정으로 나에게 상담해 올 마음이 없으면 하는 수 없겠지만요."

"무슨 상담?"

나에게는 정말로 아무런 짐작이 가지 않았습니다.

"그건 당신의 가슴에 있지 않을까요?"

"예를 들면?"

"예를 들면이라뇨? 당신, 이제부터 어떻게 할 작정이에요?"

"일하는 게 나을까요?"

"아니, 당신 생각은 대체 무엇입니까?"

"하지만 학교에 들어가라고 해도……."

"그건 돈이 필요합니다. 그러나 문제는 돈이 아니고 당신의 마음가짐입니다."

돈은 고향에서 오기로 되어 있으니라고 어째서 한마디 하지 않은 걸까요?

그 한마디로 내 마음도 결정될 텐데 나로서는 그저 오리무중일 뿐이었습니다.

"어때요? 뭔가 장래 희망이라 할 만한 것이라도 있나요? 도대체 사람을 하나 돌본다는 것이 얼마나 어려운 일인지 돌봄을 받는 사람은 아마 모를 거예요."

"미안해요."

"그것은 진짜 걱정됩니다. 나도 일단은 당신 돌보는 일을 떠맡은 이상 당신이 될 대로 되라는 식의 마음가짐은 청산했으면 합니다. 번듯하게 새길을 찾는다, 그런 각오만큼은 보여주었으면 합니다. 가령 당신의 장래 방침, 그것에 대해서는 당신이 나에게 진심으로 상담해 온다면 나도 그 상담에 응할 생각입니다. 그리고 어차피 이런 가난뱅이 넙치의 원조이니 이전처럼 사치를 바란다면 오산입니다. 그러나 당신 마음이 확고해서 장래의 방침을 분명하게 세운 다음 나에게 의논을 해온다면 나는 가령 조금씩이라도 당신의 갱생을 위해서 도와드리려고까지 생각하고 있습니다. 알겠어요? 내 기분을. 도대체 당신은 이제부터 어떻게 할 생각입니까?"

"여기 2층에 머물게 해주지 않았다면 일하고……."

"진심으로 그런 말을 하는 거예요? 지금 세상에 가령 제국대학교를 나왔다고 해도……."

"아니요. 월급쟁이가 된다는 것은 아니에요."

“그럼, 뭔가요?”

“화가입니다.”

마음 단단히 먹고 그렇게 말했습니다.

“허?”

나는 그때 목을 움츠리면서 미소를 흘리던 넙치 얼굴의 참으로 교활한 듯한 모습을 잊을 수 없습니다. 경멸하는 모습과도 비슷한, 아니면 달리 세상을 바다에 비유하면 그 바다의 천 길 깊은 곳에서 기묘한 모습으로 흔들리는 듯한, 뭔가 어른들의 삶의 심연을 언뜻 들춰 보이게 한 듯한 미소였습니다.

그런 것으로는 말이 안 된다, 전혀 정신을 차리고 있지 않다. 생각해 보세요. 오늘 밤 진지하게 생각해 보세요 하는 말을 듣고 나는 쫓기듯 2층으로 올라가서 누워도 딱히 아무런 생각도 떠오르지 않았습니다. 그리고 새벽이 되자 넙치 집에서 도망쳤습니다.

저녁에 반드시 돌아오겠습니다. 아래 적힌 친구 집으로 장래의 방침을 의논하러 다녀올 테니 걱정하지 마시길. 정말로라고 메모지에 연필로 크게 쓰고 아사쿠사의 호리키 마사오의 주소와 성명을 적고 슬그머니 넙치 집을 나섰습니다.

넙치에게 충고를 듣는 것이 분해서 도망친 것은 아니었습니다. 정말로 나는 넙치가 밝힌 대로 의지가 꿋꿋하지 않은 남자로 장래의 방침이고 뭐고 나에게는 전혀 가늠이 안 되고, 게다가 넙치 집에 짐이 되는 것은 넙치에게도 미안하고 그 와중에 만에 하나 나에게 분발하려는 마음이 생겨 뜻을 세운다 한들 그 갱생 자금을 저 쪼들리는 넙치에게서 다달이 원조받을 수

있을지를 생각하자 도저히 괴로워 참을 수 없는 기분이 되었기
때문입니다.

그러나 나는 정말로 이른바 '장래의 방침'을 호리키 같은 인
간에게 상담하러 가야겠다는 따위의 작정을 하고 넙치의 집
을 나선 것은 아니었습니다. 그것은 다만 조금이나마 잠깐이라
도 넙치를 안심시켜두고 싶었고(그사이에 내가 조금이라도 먼 곳으
로 도망쳐 가고 싶다는 탐정 소설적인 책략에서 그런 메모장 편지를 썼다
기보다는 아니, 그런 기분도 어렴풋이 있었음이 틀림없습니다만 그것보다
도 역시 나는 급작스레 넙치에게 쇼크를 주고 그를 당황하고 어리둥절하게
하는 것이 두려웠을 뿐이라고 밝히는 편이 얼마간 정확할지도 모르겠습니
다. 어차피 들키게 되어 있는데도 그대로 밝히는 것이 두려워서 반드시 뭔
가 꾸미는 것이 내 슬픈 성격의 하나로 세상 사람들이 '거짓말쟁이'라고 부
르며 깔보는 성격과 닮았으면서도 그러나 나는 내 이익을 챙기려고 그렇게
꾸몄던 적은 거의 없습니다. 단지 분위기가 깨진 돌변이 질식할 정도로 두
렵고 나중에 나에게 불이익이 될 것이라는 사실이 뻔해도 예의 나의 '필사
적인 봉사', 그것은 예를 들어 일그러진 미약함으로 바보 같은 짓일지라도
그 봉사 정신으로 자신도 모르게 한마디 장식을 하고 만 경우가 많았던
느낌도 들었습니다. 그러나 이 습성 또한 세상에서 말하는 '정직자'들로부
터 크게 이용당하는 경우가 되었습니다) 그때 문득 어렴풋한 기억에
서 떠올라 온 대로 호리키의 주소와 이름을 메모 용지에 적어
둔 것뿐이었습니다.

나는 넙치의 집을 나서서 신주쿠까지 걷다가 품속의 책을 팔
고는 역시 앞길이 막막했습니다. 나는 모두에게 붙임성이 있는
반면에 '우정'이라는 것을 한 번도 실감한 적이 없고 호리키 같

은 놀이 상대는 별도로 하고 모든 교제는 다만 고통을 수반할 뿐으로 그 고통을 없애려고 혼신의 힘으로 익살 연기를 하다가 오히려 탈진해서 겨우 알게 된 사람의 얼굴을, 그것과 닮은 얼굴까지 길거리에서 발견해도 흠칫 놀라고 한순간에 현기증이 날 정도로 불쾌한 전율이 엄습해올 지경으로 다른 사람에게서 사랑받는 일은 훤히 꿰차고 있어도 다른 사람을 사랑하는 능력에서는 제로에 가까운 것 같습니다(하긴 나는 세상의 인간에게조차 과연 '사랑'의 능력이 있는지 없는지 매우 의심스럽게 생각하고 있습니다). 그와 같은 나에게 이른바 '친구'가 생길 리 없고 게다가 나에게는 '방문'할 능력조차 없었던 것입니다. 타인의 대문은 나에게 저 신곡神曲의 지옥문* 이상으로 어쩐지 기분 나쁘고 그 문안에는 무시무시한 용처럼 비린내 나는 괴이한 짐승이 꿈틀대는 기분을 과장 없이 실감하고 있었던 것입니다.

누구와도 교제가 없다. 그 어디라도 방문해 갈 수 없다.

호리키.

그거야말로 농담 삼아 한 말이 사실이 된 것이었습니다. 그 메모에 쓰인 대로 나는 아사쿠사의 호리키를 찾아가기로 했던 것입니다. 나는 이제까지 내 쪽에서 호리키를 찾아간 적은 한 번도 없고 대개 전보로 호리키를 내가 있는 쪽으로 불러냈습니다만 지금은 그 전보료까지 신경 쓰이고 게다가 몰락한 처지를 얕보고 전보를 치는 것만으로 호리키는 오지 않을지도 모른다는 생각으로 우선 스스로가 익숙지 않은 '방문'을 결심하고 한

숨을 쉬면서 시내 전철을 타고 이 세상에서 단 한 가닥 부여잡을 동아줄은 저 호리키인가 하고 뼈저리게 실감하고 있자니 뭔가 등줄기가 서늘해지는 처참한 느낌이 엄습해 왔습니다.

호리키는 집에 있었습니다. 지저분한 골목 안쪽의 2층 집으로 호리키는 2층의 다다미 여섯 장짜리 방을 사용하고 아래층에서는 호리키의 노부모와 젊은 직원 세 사람이 끈을 꿰매거나 두들기거나 하며 게다를 만들고 있었습니다.

호리키는 그날 도시인으로서 그의 새로운 일면을 나에게 보여주었습니다. 그것은 속되게 말해서 간교함이었습니다. 시골 출신인 내가 아연실색하여 눈을 부릅뜰 정도의 싸늘하고 약삭빠른 에고이즘이었습니다. 나처럼 그저 정처 없이 흘러가는 타입의 사내는 아니었습니다.

"너에게는 완전히 질렸어. 아버지로부터 허락이 떨어졌냐? 아직이야?"

도망쳐 나왔다고는 말할 수 없었습니다.

나는 늘 그렇듯 속였습니다. 지금 당장 호리키에게 들킬 것이 뻔하지만 거짓말을 했습니다.

"그것은 어떻게든 되겠지."

"야. 농담 아냐. 충고하겠는데 바보짓도 여기서 멈추지. 나는 오늘 일이 있어. 요즘 너무나도 바쁘단 말이야."

"볼일이라니 어떤 볼일?"

"야, 이봐. 방석의 실을 끊지 말아줘."

나는 이야기를 나누면서 내가 깔고 앉은 방석을 하나로 묶는 실인지 내용물을 넣는 끈인지가 다발로 된 네모난 실뭉치

하나를 무의식중에 손끝으로 만지작거리거나 휙 당기거나 하고 있었습니다. 호리키는 자기 집 물건이라면 방석의 실 한 오라기조차 아까운 듯 부끄러워하는 기색도 없이 가차 없이 눈에 쌍심지를 세우며 나를 몰아세웠습니다. 생각해 보니 호리키는 이제까지 나와 사귀면서 어느 것 하나 잃지 않았습니다.

호리키의 노모가 단팥죽 두 개를 쟁반에 얹어서 가져왔습니다.

"아, 이것은"

이라며 호리키는 뼛속부터 효도하는 자식처럼 노모에게 황송해하며 말투도 어색할 정도로 정중하게

"미안해요. 단팥죽이에요? 대단하네. 이런 걱정은 하지 않아도 괜찮아요. 일이 있어서 외출해야 하거든요. 아니, 하지만 모처럼 잘 만드시는 단팥죽, 아까워요. 잘 먹겠어요. 너도 하나 어때? 어머니가 너를 위해서 벼르고 만들어 주신 거야. 아, 이것 참 맛있네. 엄청나군."

그는 전혀 연기가 아닌 본심으로 매우 기뻐하며 맛있는 듯 먹는 것이었습니다. 나도 그것을 마셨습니다만 국물 냄새가 나는 데다가 떡을 먹어 보니, 그것은 떡이 아니고 나로서도 알 수 없는 것이었습니다. 결코 그 가난을 경멸한 것은 아니었습니다(그때 나는 그것을 맛이 없다고는 생각하지 않았고 또한 노모의 최선을 다한 성의도 깊이 실감했습니다. 나에게는 가난에 대한 공포감은 있어도 경멸감은 없다고 자신합니다). 그 단팥죽과 그리고 그 단팥죽에 열광하는 호리키로 나는 도시인의 알뜰한 본성 또는 안과 밖*을 정

확하게 구별하여 살아가는 도쿄인 가정의 실체를 보지 않을 수 없었고, 안이고 밖이고 똑같이 장막이 없는 채 인간 생활로부터 이리저리 도망만 다니고 있는 어쩐지 숙맥 같은 자신만이 완전히 홀로 남겨진 채 호리키에게까지 버림받은 기분으로 당황하며 칠이 벗겨진 젓가락으로 팥죽을 뒤적거리면서 참을 수 없는 울적함을 느꼈던 사실을 기록해 두고 싶을 뿐입니다.

"미안하지만 나는 오늘 볼일이 있어서 말이야."

호리키는 일어서서 윗옷을 입으면서 그렇게 말하고

"실례할게. 미안해."

그때 호리키에게 여자 방문자가 있었고 나의 신상도 급변했습니다.

호리키는 갑자기 활기를 띠며

"어, 미안해요. 지금 당신 쪽으로 찾아뵈려던 참이었습니다만, 이 친구가 갑자기 들이닥치는 바람에. 하지만 상관없어요. 자, 들어오세요."

호리키는 상당히 당황한 듯, 내가 깔고 있던 방석을 들어 뒤집어서 내미는 걸 낚아채서는 다시 뒤집어서 그 여자에게 권했습니다. 방에는 호리키의 방석 외에 손님용 방석은 한 장밖에 없었던 것입니다. 여자는 마르고 키가 컸습니다. 그 방석은 옆으로 밀어제치고는 입구 근처의 한쪽 구석에 앉았습니다. 나는 우두커니 두 사람의 대화를 듣고 있었습니다. 여자는 잡지사에서 근무하는 것 같은데 호리키에게 컷인지 뭔지를 전부터 부탁

존재했다.

한 듯하고 그것을 받으러 온 것 같은 모양이었습니다.

"시간이 촉박해서요."

"완성되었습니다. 이미 진작에 완성되었거든요. 이겁니다, 자."

전보가 왔습니다.

호리키가 그것을 읽고 상기된 얼굴이 순식간에 험악해지며

"쳇! 너 이거 어떻게 된 일이야?"

넙치에게서 온 전보였습니다.

"어쨌든 당장 돌아가 줘. 내가 너를 데리고 가주면 좋겠지만 나에게는 지금 그럴 시간이 없어. 가출한 주제에 그 느긋한 상판은 또 뭐냐?"

"댁이 어디신지요?"

"오쿠보입니다."

문득 대답하고 말았습니다.

"그렇다면 회사 근처겠네요."

여자는 고슈 태생으로 스물여덟 살이었습니다. 다섯 살 난 여자아이와 고엔지의 아파트*에 살고 있었습니다. 남편과 사별한 지 3년째라고 했습니다.

"당신은 상당히 고생하며 자라온 사람 같군요. 아주 눈치가 빠르네요. 가엾게도."

처음으로 여자에게 빌붙는 놈팡이 같은 생활을 했습니다. 시즈코(라는 것이 그 여기자 이름이었습니다)가 신주쿠의 잡지사에 근무하러 출근한 뒤 나와 시게코라는 다섯 살짜리 여자아이 둘

---

*　일본에서 아파트는 목조나 경량 철골의 2층 정도 저층 다세대 주택을 말한다.

이 얌전하게 집 보기를 하는 처지가 되었습니다. 그때까지는 엄마가 부재중에 시게코는 아파트 관리인의 방에서 놀곤 했지만 센스 만점의 아저씨가 놀이 상대로 나타났으므로 무척 기분이 좋은 모습이었습니다.

나는 일주일 정도 아무 생각 없이 그곳에서 지냈습니다. 아파트 창문 아주 가까이 있는 전선에 얏코 연이 걸려서 봄의 흙먼지 바람에 날려 찢기어도 여전히 끈질기게 전선에 걸린 채 떨어지지 않고 뭔가 끄덕이거나 하는 듯한 모습이었는데, 나는 그것을 볼 때마다 쓴웃음을 짓고 얼굴을 붉히며 꿈까지 꾸고 가위눌리기까지 했습니다.

"돈이 필요해."

"…… 얼마 정도?"

"많이……. 돈 떨어지면 인연도 떨어진다는 말이 있는데 그건 정말이군."

"멍청하기는. 그런 고리타분한 ……."

"그래? 그러나 자네는 몰라. 이대로라면 나는 도망가게 될지도 몰라."

"도대체 어느 쪽이 가난해? 그리고 어느 쪽이 도망가? 이상하네."

"내가 벌어서 그 돈으로 술, 아니 담배를 사고 싶어. 그림도 나는 호리키 따위보다 훨씬 잘 그린다고 생각해."

바로 이럴 때 내 뇌리에 자연스럽게 스치는 것은 저 중학교 시절에 그렸던 다케이치의 이른바 여러 장의 '요괴' 자화상이었습니다. 잃어버린 걸작. 그것은 우연히 이사하는 동안에 잃어버리고 말았습니다만 그것만은 확실하게 뛰어난 그림이었다는 느낌이 듭니다. 그 후 여러 가지 그려 보아도 그 추억 속의 일품에는 한참 못 미쳐서 나는 항상 가슴이 텅 빈 듯한 나른한 상실감으로 고통을 받아왔던 것입니다.

마시다 남긴 한 잔의 압생트.*

나는 그 영원히 채워지기 어려운 상실감을 살짝 그렇게 형용하고 있었습니다. 그림 이야기가 나오면 내 눈앞에 그 마시다 남긴 압생트 한 잔이 어른거려 오고 아, 그 그림을 이 사람에게 보여주고 싶다. 그리고 내 그림 재능을 믿게 하고 싶은 초조감에 안달복달하는 것이었습니다.

"후후, 어떻게 된 일인지 당신은 진지한 표정으로 농담하니까 귀여워."

농담이 아니다. 정말이다. 아, 그 그림을 보여주고 싶다. 겉돌기 번민을 하다가 불현듯 마음을 바꿔 체념하고

"만화야. 적어도 만화라면 호리키보다는 훨씬 낫다고 생각해."

그 눈속임의 익살 쪽이 오히려 진지하게 믿음을 받았습니다.

"그래. 나도 실은 감동하고 있었어. 시게코에게 늘 그려주고 있는 만화, 얼떨결에 나까지 웃음을 터뜨리고 말아. 그려 보면 어때? 우리 회사 편집장에게 부탁해 봐줄 수도 있어."

그 회사에서는 아이들 상대의 그다지 이름이 알려지지 않은 월간 잡지를 발행하고 있었습니다.

…… 당신을 보면 대개의 여인은 뭔가 해주고 싶어서 전전긍

---

* absinthe: 프랑스나 스위스에서 생산되는 알코올 도수 70도 전후의 녹색 술.

궁하지. 항상 주뼛거리면서도 웃기니 말이야. …… 때때로 혼자서 상당히 침울해하지만, 그 모습이 한층 여자의 마음을 근질거리게 만들지.

시즈코에게 그 외의 여러 말로 칭찬을 들어도 그것이 말 그대로 내연녀들의 혐오스러운 특질이라고 생각하면 그것이야말로 종국에는 '울적해질' 뿐으로 좀처럼 기운을 내지 못하고 여자보다는 돈, 특히 시즈코로부터 벗어나 자활하고 싶다고 은근히 염원하며 이것저것 생각을 굴려보지만, 오히려 점점 시즈코에게 기대지 않으면 안 되는 처지가 되고 가출의 뒤처리라든가 뭔가 거의 모든 일을 이 남자 뺨치는 고슈 여인의 돌봄을 받으며 더욱더 나는 시즈코에 대해서 이른바 '눈치를 살피지' 않으면 안 되는 신세가 되고 만 것이었습니다.

시즈코의 주선으로 넙치, 호리키 거기에 시즈코 세 사람의 회담이 이루어지고, 나는 고향으로부터 완전히 절연을 당한 채 시즈코와 '공공연하게' 동거하게 되고, 게다가 시즈코의 동분서주 덕분으로 내가 그린 만화도 뜻밖의 돈이 되고 나는 그 돈으로 술도 담배도 샀습니다만, 나의 불안함, 울적함은 점점 쌓여만 갔던 것이었습니다. 말 그대로 울적함이 극에 달하고 시즈코네 잡지의 매월 연재만화 '긴타씨와 오타씨의 모험'을 그리고 있노라면 문득 고향 생각이 나서 너무나도 허전한 나머지 펜이 멈추게 되고, 고개를 숙이고 눈물을 쏟는 일까지도 있었습니다.

그럴 때 미약하나마 나를 구원하는 건 시게코였습니다. 시게코는 그 무렵이 되어서 나를 아무런 거리낌도 없이 '아빠'라 불렀습니다.

"아빠, 기도하면 하나님이 뭐든지 주신다는데 정말이야?"

나야말로 그런 기도를 하고 싶었습니다.

아, 저에게 냉정한 의지를 내려주옵소서. 저에게 '인간'의 본질을 알게 해주시옵소서. 사람이 사람을 내쫓아도 죄가 안 되나요? 저에게 분노의 마스크를 주시옵소서.

"음, 맞아. 시게코에게는 뭐든지 내려주시겠지만, 아빠에게는 아무것도 안 줄지도 몰라."

나는 하나님에게까지 떨었습니다. 하나님의 사랑은 믿지 않고 하나님의 벌만을 믿고 있었던 것이었습니다. 신앙. 그것은 하나님의 회초리를 맞으려 고개를 떨구고 심판대로 향하는 느낌이 들었던 것이었습니다. 지옥은 믿을 수 있어도 천국의 존재는 아무리 안간힘을 써도 믿을 수 없었습니다.

"어째서 안 해준다는 거야?"

"부모님의 분부를 외면했기 때문이야."

"그래? 아빠는 좋은 사람이라고 모두들 그러던데."

그것은 속이고 있기 때문이다. 이 아파트 사람들 모두가 나에게 호의를 보이는 것은 나도 알고 있다. 그러나 나는 얼마만큼 모두를 두려워하고 있는지. 두려워하면 할수록 상대방은 나를 좋아하고 상대방에게 사랑받으면 받을수록 두렵고. 모두에게서 벗어나지 않으면 안 된다. 이 불행한 병적인 습관을 시게코에게 설명해서 들려주는 것은 무척이나 어려운 일이었습니다.

"시게짱은 대체 하나님께 뭘 해달라고 조르고 싶어?"

나는 아무렇지도 않은 듯 화제를 돌렸습니다.

"시게코는 말이야, 시게코의 진짜 아빠가 필요하단 말이야."

화들짝 놀라고 현기증이 나서 어지러웠습니다. 적. 내가 시게코의 적인지, 시게코가 내 적인지 어쨌든 여기에도 나를 위협하는 무서운 어른이 있는 것이다. 타인, 불가해한 타인, 비밀투성이의 타인, 시게코의 얼굴이 불현듯 그처럼 보였습니다.

시게코만은 하고 생각해 왔는데 역시 이 친구도 저 '불시에 등에를 때려죽이는 소꼬리'를 가지고 있었던 것이었습니다. 나는 그때 이후 시게코에게까지 주눅이 들지 않을 수 없었습니다.

"색마! 있나?"

호리키가 거듭 내가 있는 곳으로 방문해 오게 되었습니다. 가출하는 그날에 그토록 나를 섭섭하게 했던 사내인데도 그래도 나는 거부를 못 하고 가벼운 미소를 띠며 맞았던 것이었습니다.

"네 만화는 꽤 인기가 있다고 하지 않던가? 아마추어에게는 하룻강아지 범 무서운 줄 모르는 똥배짱이 있기 때문에 대책이 없단 말이야. 그러나 방심하지 마. 데생이 전혀 되어 있지 않으니까 말이야."

스승과 같은 태도까지 보이는 것이었습니다. 나의 저 '요괴' 그림을 이 녀석에게 보여주면 어떤 표정을 지을까? 하며 예의 그 쓸데없는 안간힘을 쓰면서

"그런 말 하지 마. 꺅 하고 비명이 나와."

호리키는 드디어 호기를 부리며

"처세를 위한 재능만으로는 언젠가는 단점이 드러나게 마련이거든."

처세를 위한 재능…… 나로서는 기가 차서 쓴웃음이 나올 수밖에 없었습니다. 나에게 처세의 재능! 그러나 나처럼 인간을

두려워하고 피하고 속이는 것이 예의 그 속담인 "관여하지 않으면 탈도 없다"든가 하는 영리하고 교활한 처세훈을 신봉하는 것과 똑같은 일인 것입니까? 아, 인간은 서로 상대에 대해서 아무것도 모른다. 완전히 잘못 보고 있으면서도 둘도 없는 친구라는 생각으로 평생 그 잘못조차 눈치채지 못한 채 상대가 죽으면 울면서 조사 따위를 읊어대고 있는 것은 아닐까요?

호리키는 어차피(그것은 시즈코가 떼를 쓰며 부탁하는 바람에 마지못해 떠맡았음이 틀림없습니다만) 내 가출의 뒤처리를 함께했던 사람이므로 이미 마치 내 새 출발의 대은인이라든가 거간꾼 같은 허세에 거드름을 피우며 나에게 설교조로 타이르거나 또한 심야에 취한 채 방문해서 하룻밤을 자거나 또한 5엔(늘 5엔*이었습니다)을 빌려가거나 했습니다.

"그러나 너의 계집질도 이쯤에서 접어야 할 거야. 이 이상은 세상이 용납하지 않을 테니까."

세상이란 도대체 무엇인가요? 인간이 여럿 모인 건가요? 어디에 그 세상이라는 실체가 존재하는 것일까요? 하지만 어쨌든 강하고 혹독하고 무서운 존재라고만 생각하고 이제까지 살아왔습니다만 그러나 호리키에게 그 말을 듣고는 문득

"세상이란 게 자네 아닌가?"

라는 말이 혀끝에 맴돌다가 호리키를 분노케 하는 것이 내키지 않아서 거둬들였습니다.

(그것은 세상이 용서하지 않아.)

---

* 고엥(五円)의 발음이 고엥(御緣)과 같아서 좋은 인연이 있기를 기원하는 의미도 있다.

(세상이 아니고 당신이 용서하지 않는 것이겠지요?)

(그런 짓을 하면 세상으로부터 혼쭐 날 거야.)

(세상이 아니고 당신이겠지요?)

(당장 세상으로부터 매장당한다.)

(세상이 아니야. 매장하는 것은 당신이지요?)

너는 너 개인의 무서움, 기괴함, 악랄함, 교활함, 요괴 할멈의 징그러움을 알지어다! 하는 등 수많은 말이 가슴속에서 자맥질했지만 나는 그저 땀을 손수건으로 닦고

"식은땀, 식은땀"

이라며 피식거리기만 할 뿐이었습니다.

하지만 그때 이후 나는 (세상이란 개인 아닌가?) 하는 사상 같은 것을 갖게 되었던 것이었습니다.

그리고 세상이란 실체가 개인이 아닐까 하고 생각하기 시작하고부터 지금까지보다는 다소 내 의지로 움직이는 것이 가능해졌습니다. 시즈코의 말을 빌리면 나는 약간 이기주의자가 되어 주뼛거리지 않게 되었습니다. 그리고 호리키의 말을 빌리면 이상할 정도로 인색하게 되었습니다. 또한 시게코의 말을 빌리면 그다지 시게코를 귀여워하지 않게 되었습니다.

말없이 웃지 않고 매일매일 시게코를 돌보면서 '긴타씨와 오타씨의 모험'이라든가 또한 '게으른 투산씨'의 확실한 아류인 '게으른 스님'이라든가 또한 '구두쇠 핀짱'이라는 자신도 의미를 모르는 자포자기 제목의 연재만화 따위를 여러 회사의 주문(꾸역꾸역 시즈코의 회사와 다른 회사로부터도 주문이 오게 되었습니다만 모두 그것은 시즈코의 회사보다 더욱 저질의 이른바 삼류 출판사로부터 온

주문뿐이었습니다)에 따라 정말 참으로 어둡고 울적한 기분으로 느릿느릿(내 그림의 붓놀림은 매우 굼뜬 편이었습니다) 지금은 단지 술값이 필요해서 그렸고, 시즈코가 회사에서 돌아오면 그녀와 교대하고 휙 하고 밖으로 나가서 고엔지역 근처의 포장마차나 스탠드바에서 싸구려 독한 술을 마시고 약간 들뜬 기분으로 아파트로 돌아와서

"보면 볼수록 이상한 표정을 짓고 있군, 당신은. 게으른 스님의 얼굴은 사실 당신의 잠자는 얼굴에서 힌트를 얻은 거야."

"당신의 잠든 얼굴도 폭삭 늙었거든요, 40대처럼."

"당신 탓이야. 당신에게 빨린 거야. 흐르는 물살과 사람의 몸은 말이야. 강가의 버들처럼 끙끙거리는지 모르겠어." (그러지 않아도 될 터인데.)

"떠들지 말고 빨리 주무세요. 아니면 밥을 먹을래요?"

차분한 태도로 전혀 상대를 하지 않습니다.

"술이라면 마시겠는데 강물과 사람의 몸은 말이야, 사람의 물과 아니, 물 흐름과 물의 몸은 말이야."

흥얼거리며 시즈코 성화에 옷을 벗고 시즈코의 가슴에 얼굴을 묻고는 잠들어버린다. 그것이 내 일상이었습니다.

그런데 그다음 날도 똑같은 일을 반복하고

어제와 변함없는 관례에 따르면 된다.

즉 거칠고 거대한 환락만을 피하면

자연스럽게 커다란 비애도 오지 않는 법이다.

갈 길을 막는 방해하는 돌을

두꺼비는 돌아간다.

우에다 빈*이 번역한 기 샤를 크로**인가 뭔가 하는 사람의

이 시구를 발견했을 때 나는 불이 붙은 듯 얼굴이 빨개졌습니다.

두꺼비.

(그것이 나이다. 세상이 허용하는 것도 금지하는 것도 없다. 숨기는 것

도 드러내는 것도 없다. 나는 개보다도 고양이보다도 열등한 동물이다. 두

꺼비. 느릿느릿 움직이고 있을 뿐이다.)

내 음주량은 점점 늘고 있었습니다. 고엔지역 부근뿐 아니라

신주쿠, 긴자 쪽까지 원정 가서 마시고는 외박하는 일까지 생기

고 다만 이미 '관례'에 따르지 않으려고 바에서 폭력배처럼 굴

거나 닥치는 대로 키스를 해대거나 다시 말해 동반자살 시도

이전의 그때부터, 아니 그보다 훨씬 거칠고 저속한 술주정뱅이

가 되어 돈에 쪼들려서 시즈코의 옷을 내다 파는 지경까지 이

르게 되었습니다.

여기로 와서 저 찢어진 얏코연***에 쓴웃음 짓고 나서 1년 이

상 지나 벚꽃이 지고 잎이 돋아날 무렵 나는 또다시 시즈코의

기모노 오비라든가 주반**** 등을 챙겨서는 전당포로 가지고 가

* 　　上田敏: 1874~1916. 시인이며 영문학자. 메이지 말기 탐미파의 추진자로 유럽 문학 이식에
　　힘썼다.

** 　Guy Charles Cros: 1842~1888. 프랑스의 시인이자 과학자. 세기말 데카당스파에 속하지만
　　작풍은 말라르메 등의 상징시에 가깝다.

*** 　에도시대에 하급 무사가 양손을 벌린 모습을 형상화해서 만든 연.

**** 襦袢: 기모노 착용 시 속옷의 총칭.

서 돈으로 바꿔 긴자에서 마시고 이틀 밤 연이어 외박하고 3일째 되는 날 밤, 그 때문에 컨디션이 엉망이 된 채 무의식적으로 발걸음을 죽여 가며 시즈코 아파트의 방 앞까지 다다르자 안에서 시즈코와 시게코의 말소리가 들려옵니다.

"왜 술을 마시는 거야?"

"아빠는 말이야. 술이 좋아서 마시는 건 아니에요. 너무나도 좋은 사람이니 그러지……."

"좋은 사람은 술을 마셔?"

"그렇지도 않지만……."

"아빠는 틀림없이 깜짝 놀라겠지?"

"싫어하실지도 몰라. 봐봐. 상자에서 튀어나왔어."

"셋카치 피짱* 같아."

"그러네."

마음속에서 우러나는 시즈코의 행복해 보이는 나지막한 웃음소리가 들렸습니다.

내가 문을 빠끔 열고 안을 들여다보자 하얀 새끼 토끼가 깡충깡충 방 안을 뛰어다니고 모녀는 그것을 쫓고 있었습니다.

(행복하구나, 이 사람들은. 나라는 얼간이가 이 두 사람 사이에 끼어들어서 지금까지 두 사람을 아수라장으로 만드는 것이다. 잔잔한 행복. 아름다운 모녀. 행복을. 아, 혹시 하나님이 계셔서 나와 같은 놈의 기도라도 들어준다면 딱 한 번, 평생 단 한 번만이라도 좋으니 기도하겠다.)

나는 그곳에 웅크리고 앉아 손을 모으고 기도하고 싶은 마

<hr>

* 파친코, 마작 등 도박에 빠진 고교생을 묘사한 청춘 도박 코미디 만화.

음이었습니다. 나는 살짝 문을 닫고 다시 긴자로 가서 그 이후로는 그 아파트로 돌아가지 않았습니다.

그리고 교바시 가까운 스탠드바 2층에서 또 기둥서방의 몸으로 방구석에서 빈둥거리는 신세가 되었습니다.

세상. 그럭저럭 나로서도 그 실체를 어렴풋이 납득하기 시작한 느낌이 들었습니다. 개인과 개인의 다툼인 데다가 그 싸움의 현장에서 또한 이기기만 하면 되는 것이다. 인간은 결코 인간에게 복종하지 않는다. 노예조차 노예답고 비굴하게 똑같이 앙갚음하는 법이다. 그러니 인간에게는 그 현장에서 단판 승부를 가리는 외에는 달리 살아남을 방법이 없다. 대의명분이라고 칭하면서도 노력의 목표는 반드시 개인, 개인을 뛰어넘어서 또 개인, 세상의 난해는 개인의 난해, 대양의 바다는 세상이 아니라 개인이다. 세상은 망망대해라는 환영幻影에 전율하는 일에서 약간 해방되어 이전만큼 끊임없이 시시콜콜 신경 쓰지 않고 이른바 즉석에서 필요에 따라 얼마간 낯 두껍게 행동하는 것을 배우기 시작하게 된 것입니다.

고엔지의 아파트를 버리고 교바시 스탠드바의 마담에게
"작별하고 왔어."

그 말만 하면 그것으로 충분하다, 즉 단판 승부로 당연히 그날 밤부터 나는 무모하게도 그곳의 2층에 머물게 되었습니다. 하지만 섬뜩해야 할 '세상'은 내게 아무런 위해도 가하지 않았고 또한 나도 '세상'에 대해 아무런 변명도 하지 않았습니다. 마담만 이해한다면 그것으로 만사가 오케이였습니다.

나는 그 가게의 손님 같기도 하고 점주 같기도 하고 발 빠른 점원 같기도 하고 친척 같기도 해서 옆에서 보면 도저히 정체를 알 수 없는 존재였을 터임에도 '세상'은 조금도 이상히 여기지 않고 자연스럽게 가게의 단골들도 나를 요짱, 요짱이라 부르며 상당히 부드럽게 다루고 게다가 술을 마시게 해주는 것이었습니다.

나는 세상에 대해 점차 경계심을 풀었습니다. 세상이라는 곳이 그다지 두려운 곳은 아니라고 생각하게 되었습니다. 다시 말해 이제까지 나의 공포감은 이를테면 봄바람에는 백일해의 미세균이 몇십만, 목욕탕에는 눈을 망가뜨리는 미세균이 수십만, 이발소에는 대머리를 유발하는 미세균이 수십만, 전철 쇼센*의 손잡이에는 부스럼을 유발하는 균이 우글거리고 생선회나 반쯤 익힌 소, 돼지고기에는 조충의 애벌레나 디스토마나 이름 모를 벌레의 알이 반드시 숨어 있고 또한 맨발로 걸으면 발바닥으로 유리의 작은 파편이 들어가서 그 파편이 온몸을 돌다가 안구를 찔러서 실명시키는 일도 있다는 등 이른바 '과학의 미신'에 위협받곤 했습니다. 하지만 확실히 몇십만이나 되는 세균이 유영하며 꿈틀대는 것은 '과학적'으로도 정확한 것일 것입니다. 그와 동시에 그 존재를 완전히 묵살하기만 하면 그것은 나와 아무런 연결도 없이 순식간에 사라지는 '과학의 유령'에 지나지 않는다는 사실도 나는 알게 되었던 것이었습니다. 도시락에 먹다 남긴 밥알 세 개, 천만 명이 하루에 밥알을 세 개씩 남겨도 이미 그것은 쌀 몇 가마를 그냥 버리는 것이 된다든가 혹

---

* 省線: 철도성이나 운수성 같은 정부 기관이 관리하는 철도 노선.

은 천만 명이 하루에 코 푸는 종이를 한 장씩 절약하면 펄프가 얼마만큼 절약되는지 따위의 '과학적 통계'에 나는 얼마만큼 위협받고 밥알을 한 알이라도 남길 때마다 또한 코를 풀 때마다 산더미 같은 펄프가 낭비되는 듯한 착각에 괴로워하고 내가 지금 중대한 범죄를 저지르는 듯 우울한 기분에 빠져들곤 했습니다. 하지만 그것이야말로 '과학의 허위', '통계의 허위', '수학의 허위'로 밥알 세 개가 모이는 일은 없고 덧셈, 뺄셈의 응용문제로도 참으로 원시적인 저능한 테마로 전깃불이 켜져 있지 않은 어둑한 화장실의 그 구멍으로 몇 번에 한 번 한쪽 발을 헛디뎌서 빠진다든가 또는 전철 출입구와 플랫폼 바닥 사이의 좁은 틈에 승객 몇 중 몇 사람이 발을 빠뜨렸다든가 그런 가능성을 계산하는 것과 같은 정도로 바보같이 그것은 자못 일어날 것 같은 일이면서도 화장실에서 웅크려 앉다가 발을 헛디뎌 빠졌다든가 하는 예는 거의 들은 적이 없고 그런 가설을 '과학적 사실'로 가르침 받아 완전한 현실로 받아들이고 무서워하던 어제까지의 나를 가엽게 여기고 웃어넘기고 싶을 정도로 나는 세상이라는 것의 실체를 조금씩 이해하기 시작했습니다.

그렇다고는 해도 역시 인간이라는 존재가 여전히 아직 나에게는 두렵고 술집의 손님과 만나는 일도 술을 컵으로 한 잔 정도 마시고 난 뒤가 아니면 안 되었습니다. 두려운 존재에 대한 호기심으로 더욱 보고 싶어지는 것입니다. 나는 매일 밤 여전히 술집으로 가서는, 아이가 사실은 조금은 두려워하는 작은 동물 따위를 오히려 꽉 쥐어버리고 싶은 것처럼 손님을 향하여 술에 취한 채 허접한 예술론을 떠벌리기까지 했던 것이었습니다.

만화가. 아, 그러나 나는 커다란 환락도 또한 커다란 비애도 없는 무명의 만화가. 나중에 아무리 커다란 비애가 닥쳐도 좋다. 거칠고 대단한 환락이 필요하다고 내심 안달해도 나의 현재는 얼마나 기쁜가? 손님과 허접한 논쟁을 하고 손님과 술을 마실 뿐이었습니다.

교바시로 와서 이런 기둥서방 생활을 이미 1년 가까이 계속하고 내 만화도 어린이 상대의 잡지뿐 아니라 역의 가판대에서 판매하는 조악하고 저급한 잡지 등에도 실리게 되었고 나는 조시 이키타*라는 장난의 끝판왕인 익명으로 꾸밈없이 너저분한 그림 따위를 그리고 그곳에 루바이야트**라는 시구를 삽입했습니다.

어설픈 기도 따위 집어치우게
눈물을 흘리게 하는 것 따위 벗어 던져버리게
자 한잔하고 좋은 추억만을 떠올리게
쓸데없는 배려 따월랑 잊어버리게나.

불안과 공포로 남을 겁박하는 놈들은
스스로 저지른 엄청난 죄에 겁먹고
죽은 자의 복수에 대비하려고
자기 머리로 끊임없이 잔꾀를 만드는군.

---

* 上司幾太: 동음이의어로 패러디한 말로 조시(情死: 동반자살)를 시도했다가 이키타(生きた: 사경에서 목숨을 건졌다)했다는 의미를 담고 있다.
** Rubáiyá't: 11세기 페르시아 시인인 오마르 하이얌(Umar Khiayám)이 지은 4행 시집. 하이얌은 유물론적 무신론자로 그저 '지금 이 순간을 즐기라'고 강조하며 인생무상을 노래하였다.

엊저녁 술 넘치니 내 가슴은 기쁨으로 충만하고
오늘 아침 술 깨니 그저 황량하구나.
이상하구나 하룻밤 사이에
싹 달라진 이 기분이라니

재앙 따위는 생각하지 말아줘.
멀리서 울려 퍼지는 북소리처럼
어쩐지 그 녀석은 불안해
방귀를 뀐 일까지 일일이 죄로 친다면 못 살지

정의가 인생의 지침이라니?
그렇다면 피범벅이 된 전쟁터에
암살자의 칼끝에
뭔 놈의 정의가 깃들어 있다는 것인가?

그 어디에 가르침의 원리가 있단 말인가?
어떤 예지의 빛이 있다는 것인가?
아름답고도 섬뜩한 것은 뜬구름같은 이 세상이니
연약한 사람의 자식은 짊어질 수 없을 만큼의 짐이 지워지고

도저히 감당할 수 없는 정욕의 씨앗이 심어진 탓에
선이니 악이니 죄니 벌이니 하며 저주받을 뿐
어찌할 바를 몰라 그저 서성거릴 뿐.
꺾어 없앨 힘도 의지도 부여받지 못한 탓이려니

어디를 어떻게 방황하고 있었나?
무엇을 비판 검토 재인식?
허, 허망한 꿈을, 있지도 않은 환영을
오호, 술을 잊었으므로 모두 공허한 생각뿐이야.

어때? 이런 끝도 없는 넓은 하늘을 보게나
그 속에 떠 있는 한없이 작은 점이라고
이 지구가 뭣 때문에 자전하고 있는지 알 게 뭐야?
자전 공전 반전도 모두가 제멋대로라고

모든 곳에서 지고한 힘을 느끼고
모든 나라, 모든 국민에게서
똑같은 인간성을 발견하는
나는 정령 이단자인가?

모두들 성경을 잘못 읽고 있는 거라고
그렇지 않으면 상식도 지혜도 없는 거라고
살아 있는 육신의 기쁨을 끊거나 술을 끊거나
됐네, 무스타파 나 그런 것 너무 싫어해

하지만 그 무렵 나에게 술을 끊으라고 권하는 아가씨가 있었습니다.
"안 돼요. 매일 대낮부터 술에 절어 계셔."
술집 건너편 작은 담뱃가게의 열일고여덟 살쯤 되는 아가씨였습니다. 요시짱이라는 얼굴이 희고 덧니가 난 여자였습니다. 내가 담배를 사러 갈 때마다 웃음을 띠며 충고하는 것이었습니다.

"어째서 안 되나? 왜 나쁘다는 건가? 있는 만큼 술을 마시니 아이여 노여움을 풀게, 풀게, 풀게라고 말이야. 옛날 페르시아에서 말이야. 뭐 이쯤 하지. 슬픔으로 지친 가슴에 희망을 가져오는 것은 그저 누룩을 날라 오는 옥으로 만든 잔이지라고 말이야. 알겠어?"

"몰라."

"이 녀석, 키스해 줄 거야."

"해봐."

전혀 주눅 들지 않고 아랫입술을 삐죽 내미는 것입니다.

"바보 녀석. 정조 관념……."

그러나 요시짱의 표정에서는 분명히 누구에게도 더럽혀지지 않은 처녀의 냄새가 나는 것이었습니다.

새해가 밝고 몹시 추운 밤 나는 취해서 담배를 사러 나가다가 그 담뱃가게 앞 맨홀에 빠졌고 요시짱 도와줘라고 외치고는 요시짱에게 끌어올려져 오른팔 상처의 치료를 받았을 때 요시짱은 심각하게

"너무 많이 마셔요"

라고 미소도 띠지 않은 채 말했습니다.

나는 죽는 것은 문제가 없는데 상처가 나서 피를 흘리고 장애인 따위가 되는 것은 딱 질색이므로 요시짱에게 팔의 상처를 치료받으면서 술도 이제는 적당히 마셔도 괜찮지 않을까 하고 생각했던 것입니다.

"끊을게. 내일부터 한 방울도 안 마시겠어."

"정말?"

"정말. 끊을 거야. 끊으면 요시짱. 나에게 시집와 줄 거야?"

그러나 시집오라는 말은 농담이었습니다.

"모치야."

모치라는 말은 '모치론'의 약칭이었습니다. 모보(모던 보이)라든가 모가(모던 걸)라든가 그 당시 여러 가지 약칭이 유행하고 있었습니다.

"좋아, 손가락 걸고 약속하자. 꼭 끊을 거야."

그리고 다음 날 나는 여전히 대낮부터 마셨습니다.

저녁에 휘청거리며 밖으로 나가 요시짱 가게 앞에 서서

"요시짱, 미안. 마시고 말았어."

"어머. 싫어. 술에 취한 척이나 하고."

깜짝 놀랐습니다. 술이 깬 것 같은 느낌이었습니다.

"아니, 정말이야. 정말 마셨거든. 취한 척하는 거 아니야."

"놀리지 말아요. 짓궂어."

좀처럼 의심하려 하지 않는 것이었습니다.

"보면 알 거 아냐? 오늘도 대낮부터 마셨거든. 용서해 줘."

"연기가 훌륭하네."

"연기 아냐. 바보 녀석. 키스해 줄 거야."

"해봐."

● 일본어로 모치론은 물론이란 뜻이다.

"아냐. 내게는 자격이 없어. 시집온다 해도 포기하지 않으면 안 돼. 얼굴을 봐. 빨갛지? 마셨단 말이야."

"그건 저녁놀이 비치기 때문이야. 나를 속이면 안 돼. 어제 약속했잖아요? 마실 리가 없어. 손가락 걸고 약속했잖아? 마셨다니 거짓말, 거짓말, 거짓말."

어둑한 가게 안에 앉아 미소 짓고 있는 요시짱의 하얀 얼굴. 아, 더러움을 모르는 처녀성은 고귀한 것이다. 나는 지금까지 나보다도 젊은 처녀와 잔 적이 없다. 결혼하자. 어떤 엄청난 비애가 그로써 닥치더라도 좋다. 무자비할 정도로 어마어마한 환락을 평생 단 한 번만이라도 좋다. 처녀성의 아름다움이란 우둔한 시인의 값싼 감상의 환영에 지나지 않는다고 생각하고 있었지만 역시 이 세상에 살아 있는 존재이다. 결혼해서 봄이 되면 둘이 자전거 타고 아오바 폭포 보러 가자며 그 자리에서 결의하고 이른바 '단판 승부'로 그 꽃을 훔치는 데 주저하지 않았습니다.

그리고 우리는 이윽고 결혼했고 그럼으로써 얻는 기쁨은 반드시 큰 것은 아니었습니다만 그 후에 찾아온 슬픔은 처참하다고 해도 부족할 정도로 실로 상상조차 할 수 없을 만큼 엄청나게 다가왔습니다. 나에게 '세상'은 역시 실체를 알 수 없는 끔찍한 곳이었습니다. 결코 그런 '단판 승부' 따위로 처음부터 끝까지 결정되어 버리는 만만한 곳도 아니었습니다.

2

호리키와 나.

서로 경멸하면서 교제하고 서로 스스로를 별 볼일 없는 존재로 만들어 가고 있는데 그것이 이 세상에서 말하는 이른바 '교우交友'라는 존재의 실체라면 나와 호리키의 사이도 바로 '교우'가 틀림없습니다.

내가 저 교바시의 스탠드바 마담의 의협심에 매달려(여자의 의협심이란 말이 기묘한 어휘이지만 내 경험에 따르면 적어도 도시에 사는 남녀의 경우, 남자보다도 여자 쪽이 그 의협심이라고 할 만한 것을 듬뿍 가지고 있었습니다. 남자는 대개 겁이 많고 외양만 꾸미며 대부분 짠돌이였습니다) 저 담뱃가게의 요시코를 내연의 처로 삼게 되고 츠키지 스미다강 근처 2층 목조주택의 작은 아파트 아래층을 빌려 둘이 살며 술은 끊고 서서히 내게 일정한 직업이 될 듯하던 만화 일에 정성을 쏟으며, 저녁 식사 후에는 둘이 영화를 보러 가고 돌아오는 길에는 찻집 같은 곳에 들르거나 또한 화분을 사거나 아니 그것보다도 나를 완전히 믿어 주는 이 작은 신부의 말을 듣고 행동을 보는 것이 유쾌했습니다. 혹시 나도 어쩌면 조금씩 인간다운 존재가 되는 일이 가능하고 비참한 죽음을 겪지 않고도 지낼 수 있을까 하는 안일한 생각을 어렴풋이 가슴에 따스하게 품기 시작하던 차에 호리키가 내 앞에 나타났습니다.

"야! 색마. 어라. 그래도 얼마간 사리 분별 냄새를 풍기는 낯짝을 하고 있군. 오늘은 고엔지 여사의 심부름인데"
라고 말을 걸며 갑자기 목소리를 낮추고 부엌에서 차를 준비하

고 있는 요시코 쪽을 턱으로 가리키며 괜찮아? 하고 물으므로

"상관없어. 무슨 말을 해도 돼"

라고 차분하게 대답했습니다.

실제로 요시코는 신뢰의 천재라고 해도 좋을 만큼 교바시 바마담과의 사이는 말할 것도 없고 내가 가마쿠라에서 일으킨 사건을 들려주어도 츠네코와의 사이를 의심하지 않는데 그것은 내가 거짓말이 능숙해서가 아니라 때로는 숨김없이 완전하게 털어놓아도 요시코는 그것을 모두 농담으로밖에는 들어주지 않는 모양새입니다.

"여전히 자백에 우쭐대기는. 뭐 대단한 일은 아니지만 가끔은 고엔지 쪽으로도 놀러 와달라는 전언이야."

잊어버릴라치면 수상한 새가 날개를 퍼덕이며 날아와서는 기억이란 상처를 그 주둥이로 쪼아서 찢습니다. 순식간에 과거의 수치와 죄가 생생하게 눈앞에 전개되어 아악 하고 외마디 소리를 지르고 싶을 만큼 공포로 앉아 있을 수 없게 됩니다.

"마실까?"

하는 나.

"좋아"

하는 호리키.

나와 호리키 모습은 둘 다 닮았습니다. 꼭 닮은 인간과 같은 느낌이 드는 순간도 있었습니다.

물론 그것은 여기저기 쏘다니며 값싼 술을 마실 때만의 일이었습니다만 어쨌든 둘이 얼굴을 마주하면 순식간에 똑같은 종류의 개로 변하여 눈 내리는 시내를 여기저기 돌아다니는 처지

가 되는 것이었습니다.

그날 이후 우리는 옛정을 되찾은 모습이 되고 교바시의 그 작은 바에도 함께 가고 그래서 마침내 고엔지의 시즈코네에도 곤드레만드레된 두 마리 개가 방문하여 잠을 자고 돌아오는 등의 사태까지 일어나고 말았던 것이었습니다.

잊지도 않습니다. 찌는 듯이 더운 여름날 밤이었습니다. 호리키는 저녁 무렵 너덜너덜해진 유카타를 입고 츠키지 우리 집으로 와서는 오늘 돈이 궁해서 여름옷을 전당포에 맡겼는데 그 일이 노모에게 발각되면 정말로 큰일 난다. 당장 되찾고 싶으니까 어쨌든 돈을 빌려달라는 것이었습니다. 공교롭게 나에게도 돈이 없었으므로 늘 하던 대로 요시코에게 지시하여 요시코의 옷가지를 전당포로 가지고 가게 해서 돈을 마련해서는 호리키에게 빌려주고도 남아서 요시코에게 소주를 사 오게 해 아파트 옥상으로 가서 스미다강에서 때마침 약하게 불어오는 심한 구린내 나는 바람을 맞으며 정말로 더러운 납량의 연회를 열었던 것이었습니다.

우리는 그때 희극 명사, 비극 명사 말 맞히기 시합을 시작하였습니다. 이것은 내가 발명한 놀이로 명사에는 모두 남성명사, 여성명사, 중성명사 등의 구별이 있지만 그와 동시에 희극 명사, 비극 명사의 구별이 있어야 하는데 가령 기선이나 기차는 모두 비극 명사이고 시내 전철과 버스는 모두 희극 명사. 왜 그럴까? 그것을 모르는 사람은 예술을 논하기에는 부족하다, 희극에 단 한 개라도 비극 명사를 끼워 넣는 극작가는 이미 그만큼 낙제이고 비극도 또한 마찬가지라는 등의 이유였습니다.

"준비됐어? 담배는?"

하고 내가 묻습니다.

"트라(비극 트레지디의 약어)."

라고 호리키가 곧바로 대답합니다.

"약은?"

"가루약이야? 알약이야?"

"주사약."

"트라."

"그럴까나? 호르몬 주사도 있고 말이야."

"아니. 단연코 트라야. 바늘이 우선 있잖아. 그러니 훌륭한 트라 아냐?"

"좋아. 진 것으로 하지. 그러나 이를테면 약이나 의사는 말이야. 그래도 의외로 코미(희극 코미디의 약어)지. 죽음은?"

"코미. 목사도 중도 두말하면 잔소리지."

"정답. 그리고 삶은 트라이겠네."

"아냐, 그것도 코미."

"아냐, 그러면 개나 소나 모두 코미가 되고 말지. 그렇다면 또 하나 묻겠는데 만화가는? 설마 코미라고는 할 수 없겠지?"

"트라, 트라. 대비극 명사!"

"뭐야. 대비극은 자네 쪽이야."

이런 저급하고 시시한 말장난처럼 되고 말면 부질없는 짓이 겠지만, 그러나 우리는 그 놀이가 과거에 세계의 살롱에도 존재 하지 않았던 대단히 세련된 것이라고 의기양양해하고 있었습 니다.

당시 나는 또 하나 이것과 닮은 놀이를 발명했습니다. 그것은 반대어 맞히기였습니다. 검은색의 안트(반대어인 안토니움의 약어)는 흰색. 하지만 흰색의 안트는 붉은색. 붉은색의 안트는 흑색.

"꽃의 안트는?"

이라고 내가 묻자 호리키는 비쭉거리며 생각하다가

"흠, 그러니까 하나즈키花月라는 요릿집이 있으니 달이다."

"아냐, 그것은 안트가 아니야. 오히려 동의어 시느님*이야. 별과 제비꽃도 시느님 아닌가? 안트는 아니야."

"알았어. 그것은 있잖아, 벌이야."

"벌?"

"모란에…… 개미일까?"

"뭐야, 그건 영화 제목 모티브야. 거짓말하면 안 돼."

"알았어! 꽃에 뭉게구름……."

"달에 뭉게구름이겠지?"

"맞아, 맞아. 꽃에 바람. 바람이야. 꽃의 안트는 바람."

"재미없어. 그것은 나니와부시**의 문구잖아? 내뱉는 말로 삶이 들통나지."

"아냐. 비와***야."

"더 안 되지. 꽃의 안트는 말이야. 아마 이 세상에서 가장 꽃답지 않은 것. 바로 그것을 말해야 해."

---

* 소설에서는 동의어와 시느님을 함께 쓰다가 이후로는 시느님으로만 표기하고 있다.

** 浪花節: 의리 인정이나 애틋한 사랑에서 생기는 '울음'과 '웃음'의 서민 감정을 7·5조로 읊조리는 이야기나 가락. 샤미센이라는 현악기의 반주에 맞춰 표현한다.

*** 琵琶: 동아시아에서 전해진 현악기.

"그러니까 그…… 기다려봐. 뭐야, 여자야?"

"말 나온 김에 여자의 시느님은?"

"내장."

"자네는 아무래도 포에지°를 모르는군. 그렇다면 내장의 안트는?"

"우유."

"그건 꽤 괜찮은데. 내친김에 또 하나 부끄러움. 치욕의 안트."

"후안무치야. 인기 만화가 조시 이키타."

"호리키 마사오는?"

이 대목에서 두 사람은 점점 웃음이 사라지고 소주 취기 특유의 그 유리 파편이 머리에 가득 찬 것 같은 음울한 기분이 되어 왔던 것이었습니다.

"시건방 떨지 말게. 나는 아직 너처럼 포박되어 치욕을 당한 일은 없거든."

소스라치게 놀랐습니다. 호리키는 마음속에서 나를 제대로 된 인간 취급을 하지 않았던 것이다. 나를 다만 자살하다 실패한 부끄러움을 모르는 추물의 이른바 '살아 있는 시체'로밖에는 알아주지 않고 그래서 그의 쾌락을 위해서 나를 이용할 수 있을 만큼만 이용하는 한정적인 '친구'였던 것으로 생각하자 과연 기분이 편치는 않았는데 그러나 역시 호리키가 나를 그처럼 보는 것도 당연한 이야기로 나는 옛날부터 인간의 자격이 없는 것과 다름없는 아이였던 것이다. 어쩌면 호리키에게까지 능멸당

<hr>

*   poesy: 시, 시가(詩歌), 시의 세계.

하는 것이 당연한지도 모른다고 생각을 고쳐먹고

"죄, 죄의 안트는 무엇일까? 이것은 어려워"

라면서 짐짓 아무렇지도 않은 표정을 짓고 말하는 것이었습니다.

"법이지."

호리키가 아무렇지도 않은 듯 대답했으므로 나는 호리키의 얼굴을 다시 보았습니다. 근처 빌딩에서 반짝이는 네온사인의 붉은빛을 받아서 호리키의 얼굴은 귀신 형사처럼 위엄이 있어 보였습니다. 나는 너무나도 놀라서

"죄라는 것은 말이야, 그런 것은 아니잖아?"

죄의 반대어가 법이라니! 그러나 세상 사람들은 모두 그럴 정도로 간단하게 생각하고 아무렇지 않게 살아가고 있는지도 모르겠습니다. 형사가 없는 곳이야말로 죄가 꿈틀거리고 있다고.

"그렇다면 뭐라는 거야. 신이야? 너에게는 어딘가 목사 나부랭이 티가 나. 구역질 나."

"뭐 그렇게 가볍게 넘기지 마. 조금 더 둘이 생각해 보자고. 이것은 말이야. 재미있는 테마잖아? 이 테마에 대한 대답 하나로 그 사람의 전부를 알 수 있다는 느낌이 들어."

"설마…… 죄의 안트는 선이야. 선량한 시민. 즉 나와 같은 존재지."

"농담은 집어치워. 그러나 선은 악의 안트야. 죄의 안트가 아니야."

"악과 죄는 다른가?"

"다르다고 생각해. 선악의 개념은 인간이 만든 거야. 인간이 멋대로 만든 도덕 언어야."

"시끄러워. 그건 역시 하나님이겠지. 하나님, 하나님. 하긴 하나님으로 해두면 틀림은 없어. 배가 고프군."

"지금 아래층에서 요시코가 누에콩을 조리고 있어."

"고마워. 좋아하는 것이야."

양손을 머리 뒤로 깍지 껴서 천장을 향해 푹 하고 누웠습니다.

"자네는 죄라는 것에 전혀 흥미가 없는 모양이군."

"그건 그래. 너처럼 죄인이 아니기 때문이야. 나는 즐기기는 해도 여자를 죽게 하거나 여자로부터 돈을 뜯어내는 따위의 짓거리는 하지 않거든."

죽게 한 건 아니야. 뜯어낸 건 아니야 하고 마음 어딘가에서 미약하지만 필사적인 항의의 목소리가 일어도 그러나 다시 아니, 내가 나쁜 거야 하며 곧장 생각을 바꾸어 버리는 이 습관.

나는 아무래도 정면으로 맞서는 토론은 불가능합니다. 소주의 울적한 취기 때문에 점점 기분이 날카로워져 가는 것을 혼신의 힘으로 억누르며 거의 혼잣말로 중얼거렸습니다.

"그러나 투옥될 만큼의 죄는 아니야. 죄의 안트를 알 수 있다면 죄의 실체도 파악할 수 있다는 느낌이 들지만 …… 하나님, …… 구원, …… 사랑, …… 빛, ……. 그러나 하나님에게는 사탄이라는 안트가 있고 구원의 안트는 고뇌일 테고. 사랑에는 증오, 빛에는 어둠이라는 안트가 있고 선에는 악, 죄와 기도, 죄와 후회, 죄와 고백, 죄와 …… 아, 모두 시느님이야, 죄의 반대어는 뭐야?"

"죄의 반대어는 미츠°야. 미츠처럼 달콤해. 배가 고파. 뭔가 먹을 것을 가져와."

"네가 가져오면 되잖아!"

태어나서 거의 처음이라 해도 좋을 정도로 날 선 분노의 목소리가 터져 나왔습니다.

"좋아. 그럼, 아래층에 내려가서 요시짱과 둘이 죄를 저지르고 오지. 말보다는 현장검증. 죄의 안트는 꿀콩, 아니 누에콩인가?"

그는 거의 혀가 꼬일 정도로 취했습니다.

"마음대로 해. 어딘가로 꺼져버려!"

"죄와 공복, 공복과 누에콩. 아니 이것은 동의어인가?"

호리키는 아무렇게나 지껄이면서 일어납니다.

죄와 벌, 도스토옙스키. 언뜻 그 말이 뇌리 한쪽을 스쳐 가고 화들짝 정신이 들었습니다. 혹시나 저 도스토 씨가 죄와 벌을 동의어로 생각하지 않고 반대어로 나란히 늘어놓았던 것이라면? 죄와 벌은 절대로 서로 통하지 않는 것, 얼음과 숯은 서로 공존할 수 없는 것. 죄와 벌을 반대어로 생각한 도스토의 녹조, 썩은 연못, 난마처럼 얽힌 밑바닥의 …… 아, 알 것 같다. 아니 아직……

등등이 머릿속에서 주마등처럼 빙글빙글 돌고 있을 때

"야! 아뿔싸, 누에콩이 아니군. 이리 와!"

호리키의 목소리도 표정도 바뀌었습니다. 호리키는 방금 비틀거리며 일어나 아래층으로 내려갔는데 하고 생각하는 순간 되돌아왔습니다.

"뭐야."

이상할 정도로 살기를 띠며 두 사람이 옥상에서 2층으로 내려오고 2층에서 다시 아래층인 내 방으로 내려오는 계단 중앙에서 호리키가 걸음을 멈추고

"보라고!"

라고 작은 목소리로 말하며 손가락으로 가리킵니다.

내 방 위쪽의 작은 창이 열려 있고 그곳으로 방 안이 들여다보였습니다. 전깃불이 켜진 채 동물이 두 마리 있었습니다.

나는 현기증으로 눈앞이 캄캄해지면서 이것 또한 인간의 모습이다, 이것 또한 인간의 모습이다, 놀랄 일은 없다며 거친 호흡과 동시에 마음속으로 중얼거리면서 요시코를 구출하는 것도 잊은 채 계단에 꼿꼿이 서 있었습니다.

호리키가 크게 헛기침을 했습니다. 나는 홀로 도망치듯 옥상으로 뛰어올랐고 고꾸라지듯 눕고는 비를 머금은 여름밤 하늘을 올려다보았습니다. 그때 나를 엄습한 감정은 분노도 아니고 혐오도 아니고 또한 슬픔도 아니고 몸서리쳐지는 공포였습니다. 그것도 묘지의 유령 따위에서 느끼는 공포가 아니고 신사의 삼목 숲에서 하얀 옷을 걸친 고신타이*와 맞닥뜨렸을 때 느끼는 감정인지도 모를 틀림없이 매우 난폭한 공포감이었습니다. 나의 젊은 백발은 그날 밤에 시작되고 결국 모든 일에 자신을 잃고 급기야는 타인을 끝없이 의심하고 이 세상의 삶에 대해서 모든 기대감, 기쁨, 공명 따위와 영원히 이별하게 되었습니다. 정말로 내 생애에서 결정적인 사건이었습니다. 나는 이마 한가운

---

* 御神体: 신이 강림하여 머무는 물체로 숭배의 대상이 된다.

데 미간을 찢겼고 그래서 그 이후 그 상처는 어떤 인간이든 접근해 올 때마다 욱신거렸습니다.

"동정은 가지만 그러나 너도 이것으로 조금은 뼈저리게 느꼈을 거야. 앞으로 나는 두 번 다시 이곳에 오지 않을 거야. 정말 지옥이군. …… 하지만 요시짱은 용서해 주게. 너도 어차피 제대로 된 놈은 아니니까 말이야. 실례하겠네."

거북한 곳에 오래 머무를 정도로 호리키는 어수룩하지 않았습니다. 나는 일어나서 혼자 소주를 들이켜고는 곧 꺼이꺼이 울었습니다. 자꾸자꾸 눈물이 나왔습니다.

어느 틈엔가 등 뒤에서 요시코가 누에콩을 접시에 수북이 담아 갖고 와서는 멍하니 서 있었습니다.

"아무 짓도 하지 않을 테니까 하는 바람에……."

"됐어. 아무 말도 하지 마. 너는 다른 사람을 의심할 줄 몰랐던 거야. 앉아. 콩을 먹자고."

나란히 앉아서 콩을 먹었습니다. 아, 신뢰는 죄가 되는 건가? 상대 남자는 나에게 만화를 그리게 해놓고는 몇 푼 안 되는 돈을 허세부리며 놓고 가는 30세 전후 무학의 몸집이 작은 장사꾼이었습니다.

역시 그 상인은 그 후 발길을 끊었지만 나에게는 어찌 된 일인지 그 상인에 대해서 증오보다도 처음 발견하자마자 즉시 크게 헛기침도 하지 않고 그대로 나에게 알리러 옥상으로 되돌아온 호리키에 대한 증오와 분노가 잠 못 이루는 밤에 모락모락 치밀어서 신음을 냈습니다. 용서할 것도 용서 못 할 것도 없었습니다. 요시코는 신뢰의 천재입니다. 사람을 의심할 줄 몰랐던 것입니다. 그러나 그것 때문에 생기는 비참.

하나님께 묻는다. 신뢰는 죄인가.

요시코가 더럽혀졌다는 사실보다도 요시코의 신뢰가 더럽혀졌다는 사실이 나에게 그 뒤에도 오랫동안 살아갈 수 없을 정도로 고뇌의 씨앗이 되었습니다. 나와 같이 역겹게 벌벌 떨고 타인의 표정만 살피며 사람을 믿는 능력에 금이 가버린 사람에게 요시코의 때 묻지 않은 신뢰심이야말로 푸른 숲의 폭포처럼 시원하게 생각되고 있었던 것이었습니다. 그런데 그것이 하룻밤 사이에 누런 오염수로 바뀌어 버린 것이었습니다. 요시코는 그날 밤부터 눈에 띄게 나의 찡그린 표정이나 미소 띤 표정 하나에까지 눈치를 살피게 되었습니다.

"야"

하고 부르면 움찔하며 이제 시선을 어디에 두어야 할지 괴로운 모습입니다. 아무리 내가 웃기려고 익살 연기를 펼쳐도 허둥대는 모습으로 흠칫거리며 마구잡이로 나에게 경어를 쓰게 되었습니다.

과연 티 없는 신뢰심은 죄의 원천인가.

나는 타인의 부인이 당했다는 이야기가 담긴 책을 여기저기서 찾아 읽어보았습니다. 하지만 요시코만큼 비참하게 당한 여자는 한 사람도 없다고 생각했습니다. 왜? 이것은 도저히 이야기고 뭐고 안 됩니다. 저 왜소한 상인과 요시코 사이가 손톱만큼의 사랑 비슷한 감정이기라도 했다면 내 기분도 오히려 최악을 면할지 모르겠지만 그저 한여름 밤에 요시코가 신뢰했다는 그 딱 한 가지 이유로 나의 미간은 이마 한가운데가 찢기며 목소리가 쉬고 젊은 백발이 시작되고 요시코는 평생 쩔쩔매지 않으면 안 되었습니다. 대개의 이야기는 그 부인의 '행위'를 남편이 용서할까 말까 하는 곳에 방점을 두었던 것 같지만 그것은 나에게 그다지 골치 아픈 어려운 문제는 아닌 것처럼 느껴졌습니다. 용서한다. 용서하지 않는다. 그런 권리를 유보한 남편이야말로 행복할까? 도저히 용서할 수 없다고 생각한다면 딱히 그렇게 크게 소란을 피우지 말고 당장 부인과 이혼하고 새 아내를 맞이하면 어떨까? 그것이 불가능하다면 이른바 '용서하고' 참는 거야. 어쨌든 남편의 기분 하나로 만사가 원만하게 수습될 테니까 하는 기분 마저 드는 것이었습니다. 즉 그와 같은 사건은 확실히 남편에게 심각한 충격이긴 해도 그러나 그것은 '쇼크'이고 언제까지고 쉼 없이 밀려왔다 부서지는 파도와 달리 권리가 있는 남편의 분노로 어떻게든 처리할 수 있는 문제처럼 나에게는 생각되었던 것이었습니다. 하지만 우리의 경우, 남편에게 아무런 권리도 없는 데다가 생각하면 뭐든지 내가 잘못했다는 느낌이 들어서 화를 내기는커녕 불평 한마디조차 하지 못하고 또한 그 부인은 그의 출중한 아름다움 때문에 당한 것입니다. 게다가 그 아름다움은 남편이 과거부터 동경하고 있던 순진무구한 신뢰심이라는 더없이 가련한 것이었습니다.

무구한 신뢰심은 죄인가?

유일하게 의지할 수 있는 아름다움까지 의심을 품은 나는 이미 뭐가 뭔지 분별할 수 없게 되었고 그저 알코올만 찾게 되었습니다. 내 얼굴은 몹시 초췌해지고 아침부터 소주를 연거푸 마시며 이가 빠져 너덜너덜하고 만화도 거의 외설스러운 그림에 가깝게 그리게 되었습니다. 아니, 분명히 밝히겠습니다. 나는 그 무렵부터 춘화 복사본을 비밀리에 판매했습니다. 소주를 살 돈이 필요했던 겁니다. 언제나 내 시선을 피하며 어찌할 바를 모르는 요시코를 보노라면 이 친구는 전혀 경계할 줄 모르는 여인이었으므로 그 상인과는 한 번만이 아니지 않았을까? 또한 호리키와는? 아니 어쩌면 내가 모르는 사람과도? 하는 의심은 의심을 낳고 그렇다고 해서 정색하고 따질 용기조차 없고 예의 불안과 공포에 따른 번민으로 그저 소주를 마시고 취해서는 겨우 비굴한 유도신문 같은 것을 흠칫거리며 해보고 내심으로는 아둔하게 일희일우一喜一憂하고 겉으로는 가당찮은 익살 연기를 하고서 요시코에게 혐오스러운 애무를 해대고는 진흙탕처럼 잠에 빠지는 것이었습니다.

그해 말에 나는 밤늦게 몹시 취한 채 귀가하여 설탕물을 마시고 싶어졌는데, 요시코가 잠들어 있는 것 같아서 혼자 부엌으로 가서 설탕 항아리를 찾아내 뚜껑을 열어보니 설탕은 온데간데없이 검고 홀쭉한 작은 종이 상자가 들어 있었습니다. 별생각 없이 손으로 잡고 그 상자에 들어 있는 상표를 보고 화들짝 놀랐습니다. 그 상표는 손톱으로 긁혀 반 이상이 벗겨져 있었는데 서양 글자 부분이 남아 있고 거기에 분명히 쓰여 있었습니다. DIAL. 디알. 나는 그 무렵 오로지 소주만 마시고 수면제를 복용하고 있지는 않았습니다만 불면은 내 지병 같은 것이었으므로 대개의 수면제와는 친숙했습니다. 디알의 이 상자 하나는 확실하게 치사량 이상일 것이었습니다. 아직 상자의 봉인을 뜯지는 않았습니다만 그러나 언젠가는 복용할 생각으로 이런 곳에 게다가 상표를 뜯거나 해서 숨기고 있었음이 틀림없습니다. 가련하게도 이 여자는 서양 글씨를 읽을 수 없었으므로 손톱으로 반쯤 긁어 뜯어서는 이것으로 괜찮다고 생각했겠지요(그대에게는 죄가 없다).

나는 소리가 나지 않게 살그머니 컵에 물을 채우고 나서 천천히 상자의 봉인을 뜯어서 한꺼번에 한입에 털어 넣고 컵의 물을 차분하게 마시고는 전등을 끄고 그대로 잠들었습니다.

3일 밤낮으로 나는 죽은 듯이 누워 있었다고 합니다. 의사는 과실로 간주하고 경찰에 신고하는 것을 유예해 주었다고 합니다. 정신이 들고 나서 가장 먼저 중얼거린 첫 신음은 집으로 돌아가겠다는 말이었다고 합니다. 집이라는 말이 어디를 가리키는지 당시의 나로서는 잘 몰랐습니다만 어쨌든 그렇게 말하고 심하게 흐느꼈다고 합니다.

점차 어렴풋함이 가시고 보니 베갯머리에 매우 못마땅한 듯한 표정으로 넙치가 앉아 있었습니다.

"요전에도 연말이었지. 모두가 눈코 뜰 새 없이 바쁜데도 항상 연말을 노려서 이런 일을 저지르면 내가 못살지."

넙치의 말을 듣고 있는 사람은 교바시 바의 마담이었습니다.

"마담"

이라고 나는 불렀습니다.

"그래. 이제 정신이 들었어?"

마담은 미소 띤 얼굴을 내 얼굴 위에 덧칠하듯 말했습니다.

나는 펑펑 눈물을 흘리면서

"요시코와 헤어지게 해줘."

자신도 생각지도 않았던 말이 나왔습니다.

마담은 몸을 일으키고 약하게 한숨을 쉬었습니다.

그리고 나는 정말로 뜻밖의 골계라거나, 바보스럽다거나, 뭐라 형용하기 어려울 정도의 실언을 다시 하고야 말았습니다.

"나는 여자가 없는 곳으로 가야겠어."

으하하. 먼저 넙치가 소리 높여 실소를 해대고 마담도 쿡쿡 웃음을 터뜨리고 나도 눈물을 흘리며 얼굴이 빨개지면서 쓴웃음을 지었습니다.

"음, 그게 좋겠어"

라며 넙치는 한참을 야비하게 웃더니 말했습니다.

"여자가 없는 곳으로 가는 편이 좋겠어. 여자가 있으면 안 돼. 여자가 없는 곳이라니 좋은 생각입니다."

여자가 존재하지 않는 곳. 그러나 나의 바보 같은 신음은 나중에 아주 우울하고 스산하게 실현되고 말았습니다.

요시코는 어쩐지 내가 자기를 대신해서 음독한 것처럼 생각하는 듯하고 이전보다도 훨씬 나에 대해 쩔쩔매고 내가 어떤 말을 하더라도 웃지 않고 또한 말도 하지 않게 되니 나도 아파트에 있는 것이 울적해서 문득 밖으로 나가서 여전히 값싼 술을 마시는 일상이 되었습니다. 그러나 그 디알 사건 이후 내 몸은 눈에 띄게 수척해지고 손발이 나른하고 만화 일도 미루기를 밥 먹듯 하고 넙치가 그때 병문안 차 놓고 간 돈(넙치는 그것을 작은 뜻입니다 하며 짐짓 자신이 낸 돈처럼 내밀었지만 이것도 고향의 형들이 보낸 돈인 것 같았습니다. 나도 그 무렵에는 넙치 집에서 도망쳤을 그때와 달리 넙치의 그런 거드름 피우는 연기를 어렴풋이나마 간파할 수 있게 되고 말았으므로 내 쪽에서도 시치미를 떼며 전혀 눈치 못 챈 듯이 그 돈에 대해서 넙치에게 정중하게 예의를 표했습니다만 넙치 일행이 어째서 그런 이해하기 어려운 계략을 꾸미고 있는지 알 듯 모를 듯 나로서는 이상한 느낌이 들어 견딜 수 없었습니다), 그 돈으로 마음 크게 먹고 혼자서 남이즈의 온천으로 가보기도 했습니다만 도저히 그렇게 느긋하고 여유 있는 온천 여행 따위가 가능할 형편도 못 되고 요시코를 생각하면 미안하기 그지없고 여관방에서 산을 바라보는 것 따위의 느긋한 심경과는 아득히 멀자 도테라*도 갈아입지 않고 목욕도 하지 않은 채 밖으로 뛰쳐나가서 좀 누추한 찻집 같은 곳으로 닥쳐들어 소주를 그야말로 들어붓듯 마시고 몸 상태를 한층 더 악화시킨 채 도쿄로 돌아왔을 뿐이었습니다.

도쿄에 큰 눈이 내린 밤이었습니다. 나는 취해서 긴자 뒷골목을, 여기는 고향을 수백 리, 여기는 고향을 수백 리 작은 소리로 반복해서 중얼거리듯 흥얼대면서 여전히 내려 쌓이는 눈을 발끝으로 차서 흩트리면서 걷다가 갑자기 토하고 말았습니다. 그것은 나에게 처음 있는 객혈이었습니다. 눈 위에 커다란 일장기가 생겼습니다. 나는 한동안 웅크렸다가 더럽혀지지 않은 곳의 눈을 양손으로 집어 올려서 얼굴을 씻으며 흐느꼈습니다.

이 이곳은 그 어디의 골목길인가?

이 이곳은 그 어디의 골목길인가?

불쌍한 계집아이의 노랫소리가 환청처럼 멀리서 들립니다. 불행. 이 세상에는 수많은 불행한 사람이, 아니 불행한 사람들

---

* 기모노 위에 덧껴입는 방한복.

뿐이라고 해도 지나친 말이 아니겠지만, 그러나 그 사람들의 불행은 이른바 세상에 대해 당당하게 항의할 수 있고 또한 '세상'도 그 사람들의 항의를 쉽게 이해하고 동정합니다. 그러나 내 불행은 모두 내 죄악에서 비롯된 것이므로 누구에게도 항의할 방법이 없고 또한 주춤거리면서 한마디라도 항의 같은 것을 하게 되면 넙치는 말할 것도 없고 세상 사람들이 모두 용케도 그런 말을 하는군 하며 황당해할 것이 틀림없을 테니 나는 도대체 속된 말로 "제멋에 사는 존재"일까 또는 그 반대로 마음이 너무 소심한 존재일까? 스스로도 판단이 안 서지만 어쨌든 죄악의 덩어리 같은 존재여서 어디까지나 스스로 점점 불행해질 뿐으로 구체적인 방지책 따위는 없습니다.

나는 일어서서 우선 뭔가 적당한 약을 사려고 근처 약국에 들어가서 그곳의 여주인과 얼굴을 마주치는 순간 여주인은 플래시의 불빛을 받은 듯 고개를 든 채 눈을 동그랗게 뜨고 기둥처럼 서 있었습니다. 그러나 그 부릅뜬 눈에는 경악의 눈빛도 혐오의 눈빛도 없고 거의 구원을 찾은 듯 사모하는 듯한 빛이 나타나 있었습니다. 아, 이 사람도 틀림없이 불행한 사람이다. 불행한 사람은 다른 사람의 불행에도 민감하기에 하고 생각했을 때 문득 그 부인이 목발을 짚고 위태롭게 서 있는 것을 발견했습니다. 달려들고 싶다는 생각을 억누르고 계속 그 여주인과 얼굴을 마주 보는 사이에 눈물이 나왔습니다. 그러자 여주인의 커다란 눈에서도 눈물이 펑펑 넘쳐 나왔습니다.

그것뿐 한마디도 못 하고 나는 그 약국에서 나와 비틀거리며 아파트로 돌아오고 요시코에게 소금물을 타달라고 해서 마시고 잠자코 잠든 뒤, 다음 날도 감기에 걸린 것 같다고 거짓말을 하고 하루 종일 잠을 잤습니다. 밤에는 나의 비밀스러운 객혈이 아무래도 불안해서 견딜 수 없어 일어나 그 약국으로 가서 이번에는 미소 지으며 여주인에게 정말로 솔직하게 현재의 몸 상태를 고백하고 의논했습니다.

"술을 끊지 않으면 안 됩니다."

우리는 피를 나눈 친척 같았습니다.

"알코올중독인지도 모르겠어요. 지금도 마시고 싶어요."

"안 됩니다. 우리 양반도 결핵에 걸렸는데도 균을 술로 죽인다면서 술에 절어 살다가 스스로 명을 단축했습니다."

"불안해서 견딜 수 없어요. 두려워서 도저히 불가능합니다."

"약을 드리겠습니다. 술만큼은 끊으세요."

여주인(미망인으로 아들이 하나 있는데 그는 치바인가 어딘가 의대에 들어간 지 얼마 안 되어 아버지와 같은 병에 걸려 휴학하고 입원 중인 데다가 집에는 중풍이 온 시아버지가 누워 있고 여주인 자신은 다섯 살 때 소아마비로 한쪽 다리에 장애가 있었습니다)은 목발을 쿡쿡 찍으면서 나를 위해 저쪽 선반과 이쪽 서랍에서 여러 가지 약품을 챙겨 주었습니다.

이것은 조혈제.*

이것은 비타민 주사액, 주사기는 이것.

이것은 칼슘 알약, 위장을 보호하는 디아스타제.

이것은 뭐, 이것은 뭐라며 대여섯 종류의 약품을 애정 어린

•　적혈구, 백혈구, 혈소판 등 혈액 성분의 생성을 촉진하는 약제.

설명을 곁들여 지어 주었습니다만 이 불행한 여주인의 애정도 또한 나에게 너무나도 깊었습니다. 마지막으로 여주인이 이것은 아무래도 술을 마시고 싶어 견딜 수 없을 때 먹는 약이라며 재빨리 종이로 쌌던 작은 상자.

모르핀 주사약이었습니다.

술보다는 해가 되지 않는다고 여주인도 말하고 나도 그것을 믿었으며, 또 하나는 술에 취하는 것도 역시 불결하다고 느끼던 참이기도 했고 오랜만에 알코올이라는 사탄에서 벗어날 수 있는 기쁨도 있기에 아무런 망설임도 없이 나는 내 팔에 그 모르핀을 주사했습니다. 불안도 초조도 수줍음도 깨끗하게 제거되고 나는 상당히 밝은 달변가가 되었습니다. 그리고 그 주사를 맞자 나는 쇠약한 몸도 잊은 채 만화 일에 정성을 다하며 내 작품에 웃음을 터뜨릴 정도로 희귀한 취미가 생겨났습니다.

하루에 한 번 주사를 맞을 생각이었는데 두 번이 되고 네 번이 되었을 땐 나는 이미 그것이 없으면 일을 할 수 없게 되었습니다.

"안 됩니다. 중독되면 정말로 큰일 납니다."

약국 여주인에게 그런 말을 듣자 나는 이미 중증의 중독에 걸린 것 같은 느낌이 들어서(나는 다른 사람의 암시에 정말로 잘 걸려드는 성격입니다. 이 돈은 쓰면 안 된다고 말해도 네가 알아서 할 일이야 하는 말을 들으면 뭔가 쓰지 않으면 미안한, 기대를 저버리는 듯한 이상한 착각이 일어나 반드시 곧장 돈을 써버리는 것이었습니다) 그 중독의 불안 때문에 오히려 약품을 많이 찾게 되었습니다.

"부탁합니다. 한 상자 더. 계산은 월말에 반드시 할 테니까."

"계산이야 언제 해도 되지만 경찰이 시끄러워서요."

아, 언제나 내 주위에는 뭔가 흐리고, 어둡고, 수상하고, 떳떳지 못한 사람의 느낌이 감도는 것입니다.

"그러니 제발. 거짓으로 후무리고 부탁해요. 사모님, 키스해 줄 테니."

여주인은 얼굴을 붉힙니다.

나는 드디어 허점을 틈타

"약이 없으면 일을 조금도 할 수 없어. 나에게 그것은 강장제 같은 거야."

"그렇다면 차라리 호르몬 주사가 괜찮겠네요."

"무시하면 안 됩니다. 술이든 그렇지 않으면 그 약이든 어느 쪽이 아니면 일을 할 수 없습니다."

"술은 안 됩니다."

"그래요? 나는 말이야, 그 약을 쓰고 나서 술은 한 모금도 입에 대지 않았어. 그 덕분에 컨디션이 꽤 좋아. 나라고 언제까지고 형편없는 만화 따위를 그릴 생각은 없어. 이제부터 술을 끊고 건강을 회복하고 공부해서 반드시 화가가 되어 보여주지. 지금이 중요한 시기야. 그러니 제발 부탁해. 키스해 줄까?"

부인은 웃음을 터뜨리며

"짓궂어. 중독되어도 몰라요."

콕콕 목발 소리를 내면서 그 약품을 선반에서 꺼내서

"한 상자는 줄 수 없어요. 곧 써버리고 말 테니까. 반 줄게."

"쩨쩨하기는. 뭐 하는 수 없지."

집으로 돌아와서 곧장 주사를 한 대 놓습니다.

"아프지 않아요?"

요시코가 주뼛거리며 나에게 묻습니다.

"그거야 아프지. 하지만 일의 능률을 올리려면 싫어도 이것을 하지 않으면 안 돼. 나 요즘 아주 건강하지? 자아. 일해야 해. 일, 일."

큰소리치는 것입니다.

심야에 약국 문을 두드린 일도 있었습니다. 잠옷 차림으로 쿡쿡 목발을 짚고 나온 부인을 갑자기 껴안고 키스를 하고 우는 시늉을 했습니다.

부인은 잠자코 나에게 한 상자 건네었습니다.

약품도 또한 소주와 마찬가지로 아니, 그 이상으로 꺼림칙하고 불결한 것이라고 뼈저리게 느꼈을 때는 이미 나는 완전히 중독자가 되어 있었습니다. 실로 몰염치의 끝판왕이었습니다. 나는 그 약품을 얻고 싶은 일념만으로 또다시 포르노 카피를 시작하고 게다가 그 약국의 장애인 부인과 글자 그대로 추한 관계까지 맺었습니다.

죽고 싶다. 차라리 죽고 싶다. 이미 회복은 불가능하다. 어떤 일을 해도 무엇을 해도 안 될 뿐이다. 부끄러움을 덧칠할 뿐이야. 자전거로 아오바의 폭포 따위 나로서는 언감생심이다. 다만 더러운 죄에 천박한 죄가 가중되어 고뇌가 증대되고 강렬해질 뿐이다. 죽고 싶다. 죽지 않으면 안 된다. 살아 있는 것이 죄의 씨앗이라는 생각에서 헤어나지 못해도 여전히 아파트와 약국 사이를 반미치광이 모습으로 오갈 뿐이었습니다.

아무리 일해도 약의 사용량도 그에 따라서 늘어났으므로 약

값이 무서울 정도로 불어나고 부인은 내 얼굴을 보면 눈물을 글썽이고 나도 눈물을 흘렸습니다.

지옥.

이 지옥에서 벗어날 마지막 수단, 이것이 실패하면 그다음은 이제 목을 맬 뿐이라는, 하나님의 존재에 도박을 걸 정도의 결기로 나는 고향의 아버지 앞으로 장문의 편지를 써서 나의 현 상태 일체를(여자와의 건은 역시 쓸 수 없었습니다만) 고백하기로 했습니다.

그러나 결과는 기다리라든지 살라든지 아무런 답장도 없어 한층 참담했고 나는 그 초조와 불안 때문에 오히려 약의 양을 늘리고 말았습니다.

오늘 밤 캡슐 10개를 단번에 주사하고 오강˙으로 투신하려고 몰래 각오를 다지던 그날 오후, 넙치가 악마의 직감으로 냄새를 맡은 듯 호리키를 데리고 나타났습니다.

"너 객혈했다면서?"

호리키는 내 앞에 책상다리로 앉아 그렇게 말하고 지금까지 본 적도 없을 만큼 상냥하게 미소 지었습니다. 그 상냥한 미소가 고맙고 기뻐서 나도 모르게 얼굴을 돌려 눈물을 흘렸습니다. 그리고 그 상냥한 미소 하나로 나는 완전히 무너지고 매장되었던 것입니다.

나는 자동차에 태워졌습니다. 어쨌든 입원하지 않으면 안 된다, 뒷일은 자신들에게 맡기라는 넙치도 잔잔한 어조로(그것은

˙　大川: 스미다강의 별칭.

깊은 자비심이라고도 형용하고 싶을 정도로 차분한 어조였습니다) 나에게 권하고, 나는 의지고 판단이고 아무것도 없는 사람처럼 단지 훌쩍훌쩍 울면서 순순히 두 사람의 분부에 따랐습니다. 요시코까지 합해서 네 사람, 우리는 꽤 오랫동안 자동차에 흔들리다가 주변이 어둑해질 무렵 숲속 대형 병원의 현관에 도착했습니다.

결핵 요양병원이라고만 생각했습니다.

나는 젊은 의사의 아주 차분하고 정중한 진찰을 받았고 의사는

"일단 당분간 이곳에서 요양해야 합니다."

마치 수줍은 듯 미소 지으며 말하고, 넙치와 호리키와 요시코는 나를 혼자 남겨두고 돌아가기로 되었습니다만 요시코는 갈아입을 옷을 넣어둔 보자기를 나에게 건네고 나서 침묵하며 허리띠 속에서 주사기와 쓰다남은 약품을 내밀었습니다. 역시 강장제라고만 생각하고 있었던 것일까요?

"아니, 이제 필요 없어."

실로 드문 일이었습니다. 건네준 것을 거부한 것은 그때까지 내 생애에서 그때 딱 한 번이라 해도 지나친 말이 아닐 정도였습니다. 나의 불행은 거부 능력이 없는 자의 불행이었습니다. 건네주는 것을 거부하면 상대의 마음에도 내 마음에도 영원히 돌이킬 수 없이 흥이 깨지는 균열이 생길 것 같은 공포로 위협을 받는 것이었습니다. 하지만 나는 그때 그토록 반미치광이가 되어 원했던 모르핀을 정말로 자연스럽게 거부했습니다. 요시코의 이른바 '신과 같은 무지'에 충격을 받았을까요? 나는 그 순

간 이미 중독에서 벗어난 것일까요? 하지만 나는 그로부터 곧
장 그 수줍어하는 듯한 미소를 띤 젊은 의사에게 안내받아서
어느 병동에 들어갔고, 철컥하고 자물쇠가 채워졌습니다. 뇌병
원이었습니다.

여자가 없는 곳으로 가겠다는, 저 디알 정을 복용했던 때 넋
나간 신음이 정말로 기묘하게 실현된 셈이었습니다. 그 병동에
는 남자 정신병자뿐으로 간호사도 남자였고 여자는 한 사람도
없었습니다.

지금 나는 이미 죄인 처지가 아니라 미친 사람이었습니다. 아
니, 결코 나는 미치거나 하지 않았습니다. 하지만 아, 미친 사람은
대개 자신을 그렇게 말한다고 합니다. 즉 이 병원에 수용된 사람
은 광인, 수용되지 않은 사람은 정상인이 되는 모양새였습니다.

하나님께 묻는다. 무저항은 죄인가?

호리키의 저 이상하고 아름다운 미소에 나는 울먹이고 판단
도 저항도 잊은 채 자동차를 타고 그래서 이곳으로 연행되어
와서 광인이 된 것이었습니다. 당장 이곳에서 나가더라도 나는
역시 광인, 아니 폐인이라는 각인이 이마에 찍히겠지요.

인간, 실격.

이미 나는 완전히 인간이 아니게 되었습니다.

여기에 온 것은 초여름 무렵으로 철로 된 격자창 너머로 병
원의 작은 연못에 빨간 수련이 피어 있는 것이 보였습니다만 그
로부터 3개월이 지나 뜰에 코스모스가 피기 시작할 때 뜻밖에
고향의 큰형이 넙치를 데리고 나를 인수하러 와서 아버지가 지
난달 말에 위궤양으로 사망한 사실, 우리는 이제 네 과거를 묻

지 않겠다. 생활에 대한 걱정도 끼치지 않을 생각이다. 아무것도 하지 않아도 좋다. 그 대신 미련도 많이 남아 있겠지만 당장 도쿄를 벗어나서 시골에서 요양 생활을 시작해달라. 네가 도쿄에서 저지른 일의 뒤처리는 모두 시부타가 해줄 테니 그 일에는 신경을 쓰지 않아도 좋다며 예의 고지식하게 긴장한 듯한 어조로 말하는 것이었습니다. 고향의 산하가 눈앞에 펼쳐지는 듯한 느낌이 들어서 나는 겨우 고개를 끄덕였습니다.

말 그대로 폐인.

아버지가 죽었다는 사실을 알고 나서 나는 결국 맥이 빠지게 되었습니다. 아버지가 이제는 없다. 내 가슴에서 한순간도 떠난 적이 없는 그 그립고 두려운 존재가 이미 존재하지 않는다. 나의 고뇌라는 항아리가 텅 빈 듯한 느낌이 들었습니다. 나의 고뇌라는 항아리가 턱없이 무거웠던 사실도 그 아버지 탓이었던 것은 아닐까 생각되었습니다. 완전히 긴장이 풀어졌습니다. 고뇌하는 능력까지 잃었습니다.

큰형은 나에 대한 약속을 정확하게 실행해 주었습니다. 내가 태어나고 자란 읍내에서 기차로 네다섯 시간 남쪽으로 내려간 곳에 도호쿠 지방치고는 드물 정도로 따뜻한 해변의 온천지가 있고 그 마을 외곽에 다섯 칸이나 되는 집이었습니다만 아주 오래된 듯 벽은 낡아 허물어지고 기둥은 벌레 먹은 데다가 거의 수리하기가 곤란할 정도의 초가집을 사서 나에게 주고 예순 살에 가까운 시뻘건 머리의 못생긴 식모를 하나 딸려 주었습니다.

그로부터 3년 정도 지나는 사이에 그 데츠라는 늙은 식모에게 수차례에 걸쳐 변태적인 방법으로 당하고 때로는 부부싸움

같은 것을 하고 가슴의 병은 일진일퇴로 살이 빠지기도 하고 찌기도 하고 피가래가 나오기도 했습니다. 어제 데츠에게 칼모틴을 사 오라며 마을 약국으로 심부름을 보냈더니 평상시의 상자와 다른 형태의 칼모틴을 사 왔는데 딱히 의심하지 않고 자기전에 열 알 정도 복용해도 좀처럼 잠이 오지 않아서 이상하다고 생각하고 있던 차에 배가 아파서 급히 화장실에 갔더니 심한 설사를 했고 게다가 그로부터 세 번이나 연속해서 화장실을 들락거렸습니다. 이상한 나머지 약상자를 잘 살펴보니 그것은 헤노모틴이라는 설사약이었습니다.

나는 벌렁 누워서 유탄포*를 배에 얹으며 데츠에게 잔소리하려고 생각했습니다.

"이건 말이야, 칼모틴이 아냐. 헤노모틴이라고"
라며 으흐흐 하고 웃고 말았습니다. '폐인'은 아무래도 희극 명사 같았습니다. 잠들려고 설사약을 복용하고 게다가 설사약 이름은 헤노모틴.

지금 나에게는 행복도 불행도 없습니다.

그저 모든 것은 지나갑니다.

나는 지금까지 아비규환으로 살아온 이른바 '인간'의 세계에서 딱 하나 진리답게 생각된 것은 그것뿐이었습니다.

단지 모든 것은 지나갑니다.

나는 올해 스물일곱 살이 됩니다. 흰머리가 눈에 띄게 늘어났으므로 대부분의 사람에게 마흔 살 이상으로 보입니다.

---

* 잠잘 때 이불 속에 넣어 몸을 따뜻하게 덥히는 물통.

후기

이 수기를 쓴 광인을 나는 직접은 알지 못한다. 하지만 이 수기에 나오는 교바시 스탠드바의 마담으로도 짐작되는 인물을 어렴풋이 알고 있다. 몸집이 작고 안색이 좋지 않으며 눈매가 가늘게 치켜 올라가고 콧날이 오뚝한 데다 미인이라기보다는 미남 청년이라고 하는 편이 좋을 정도로 딱딱한 느낌을 주는 사람이었다. 이 수기에는 아무래도 1931년, 1932년, 1933년 무렵 도쿄의 풍경이 주로 묘사되어 있는 듯한데 내가 그 교바시의 스탠드바에 친구를 데리고 두세 번 들러서 하이볼 등을 마신 것은 예의 일본 '군부'가 서서히 노골적으로 난폭해지기 시작했던 1935년 전후의 일이었으므로 이 수기를 쓴 남자를 만나 볼 수는 없었던 셈이다.

그런데 올해 2월에 나는 치바현 후나바시시로 폭격을 피해 피난 가 있던 어떤 친구를 방문했다. 그 친구는 이른바 나의 대학 시절 친구로 지금은 모 여자대학 강사를 하고 있는데 실은 이 친구에게 친척의 혼담을 부탁하고 있었기에 그 볼일도 있고 겸

사겸사 뭔가 신선한 해산물이라도 사서 우리 식구들에게 맛보게 할 작정으로 배낭을 짊어지고 후나바시시로 나갔던 것이다.

후나바시시는 진흙 바다를 앞에 두고 있는 꽤 큰 도시였다. 새로 살게 된 주민답게 그 친구의 집은 그 동네 사람에게 번지수를 알려주고 물어봐도 전혀 몰랐다. 쌀쌀한 데다가 배낭을 멘 어깨의 통증이 느껴질 즈음 바이올린 레코드 소리에 이끌려 어떤 찻집의 문을 밀었다.

그곳 마담을 본 기억이 나기에 물어봤더니 바로 10년 전 그 교바시 작은 바의 마담이었다. 마담도 나를 곧 기억해 낸 듯 서로 과장해서 놀라 미소를 짓고는 이런 때 늘 그러하듯 바로 그 공습으로 불타버린 서로의 경험을 묻지도 않았는데 자못 자랑스러운 듯 이야기를 주고받으며

"당신은 그래도 하나도 안 변했네."

"아니에요. 이미 할머니예요. 몸이 삐걱거려요. 당신이야말로 젊어."

"당치도 않아. 자식을 이미 셋이나 두었는걸. 오늘은 그 아이들을 위해서 물건을 사러 왔지"라는 둥 역시 오랜만에 만난 사람끼리 으레 하는 인사를 교환하고 그로부터 두 사람은 서로 알고 있는 지인과 그 후의 소식을 서로 묻거나 했다. 그사이에 새삼 마담은 말투를 바꾸어 당신은 요짱을 알고 있었을까? 하고 말한다. 잘 모른다고 대답하자 마담은 안으로 들어가서 공책 세 권과 사진 석 장을 가지고 와서 나에게 건네며

"뭔가 소설의 재료가 될지도 모르겠어요"
라고 말했다.

나는 다른 사람이 떠안긴 자료로 글을 쓸 수 있는 성격은 아니므로 곧장 그 자리에서 돌려줄까 하고 생각했지만(사진 석 장의 기괴함은 서문에도 써두었다) 그 사진에 마음이 끌려 어쨌든 노트를 맡기로 하고 돌아가는 길에는 다시 여기에 들르겠지만 무슨 시내 몇 번지 아무개 씨로 여자대학에서 선생을 하는 사람의 집을 모르시는가 하고 묻자 역시 신주민끼리는 알고 있었다. 마침, 이 찻집에도 오셨다고 한다. 바로 근처였다.

그날 밤 친구와 술을 권커니 받거니 하다가 재워주기로 하는 바람에 나는 아침까지 한숨도 자지 않고 예의 그 노트를 탐독했다.

그 수기에 적힌 것은 옛날이야기였지만 그러나 현대인이 읽어도 무척 흥미를 끌 것이 틀림없다. 섣부르게 내가 가필하기보다는 이대로 어딘가 잡지사에 부탁해서 발표하게 하는 편이 훨씬 의의가 있을 것처럼 생각되었다.

아이들에게 줄 선물용 해산물은 건어물뿐. 나는 배낭을 짊어지고 친구 곁을 떠나 예의 찻집에 들러

"어제는 고마웠습니다. 그런데……"

라고 곧바로 말을 꺼내며

"이 공책은 잠시 빌릴 수 있겠습니까?"

"네, 그러시죠."

"이 사람은 아직 살아 있나요?"

"글쎄, 그것은 잘 모르겠습니다. 10년쯤 전에 교바시의 가게 앞으로 이 공책과 사진이 담긴 소포를 보내왔고 보낸 사람은 요짱이 틀림없지만 그 소포에는 요짱의 주소도 이름조차 적혀 있

지 않았어요. 공습 때 다른 것과 뒤섞이는 바람에 기적적으로 유실되지 않았고. 나는 요전에 전부 읽어 보고……."

"눈물을 흘렸나요?"

"아니요. 울었다기보다는 …… 안 되지. 인간도 그렇게 되어서는 이미 끝장이지."

"그로부터 10년이 지났으니 이미 죽었을지도 모르겠네. 이것은 당신에 대한 예의로 보낸 것이겠지요. 다소 과장되어 쓰인 부분도 있지만 그러나 당신도 상당히 피해를 본 것 같군요. 혹시 이것이 전부 사실이었다면 그리고 내가 이 사람의 친구였다면 역시 뇌병원으로 데리고 가고 싶어질지도 모르겠네."

"그 사람의 아버지가 나빠요."

아무렇지도 않은 듯이 그렇게 말했다.

"우리가 알고 있는 요짱은 아주 순수하고 세련된 데다가 술은 입에도 안 대는가 하면, 아니 마신다고 해도 …… 하나님 같은 좋은 아이였어요."

후지산 백경
富嶽百景

후지산 백경*

후지산 정상, 히로시게**가 그린 후지는 85도, 분초***가 그린 후지는 84도쯤이다. 하지만 육군이 실측한 지도에 따라 동서와 남북에 단면도를 만들어보니 동서 종단은 꼭짓점에서 124도가 되고 남북은 117도가 된다. 히로시게, 분초뿐 아니라 대개 그림 속의 후지는 예각이다. 정상이 날렵하고 높고 가냘프다. 호쿠사이****에 이르러서는 그 꼭짓점이 거의 30도 정도로 에펠탑 모양의 후지까지 그리고 있다. 하지만 현실의 후지는 둔각도 둔각인 데다 둔중하게 펼쳐지고 동서 124도, 남북은 117도로 결코 타의 추종을 불허할 만큼 날렵하게 높은 산은 아니다. 가령 내

• 　후가쿠 햣케이(富嶽百景): 가츠시카 호쿠사이(葛飾北齋, 1760~1849)가 그린 작품에서 비롯된 호칭으로 '후지산 백경'이라는 의미이다.

•• 　우타가와 히로시게(歌川広重): 1797~1858. 나그네의 시선으로 시적 정서가 넘치는 최고의 우키요에(일본 풍속화, 판화가 주종) 화가.

••• 　다니 분초(谷文晁): 1763~1841. 화가. 화조풍월 그림이 탁월하고 그중에서도 후지산 그림이 압권이다.

•••• 　北齋: 히로시게와 쌍벽을 이루는 우키요에 최고 화가로 대담한 구도와 색상의 독특한 화법이 특기이다. 〈후가쿠산주롯케이(富嶽三十六景)〉가 대표작이다.

가 인도인가 어딘가의 나라로부터 독수리에게 느닷없이 공격당하여 일본 누마즈* 근처 해변에 툭 하고 떨어져서 문득 이 산을 발견한다 한들 그다지 놀라지는 않을 것이다. 바로 닛폰노후지야마**를 전부터 동경하고 있었다는 이유로 원더풀인 것이고 거꾸로 그런 식의 속된 선전을 전혀 모르는 데다가 소박하고 순수하며 감동에 무딘 마음에는 과연 얼마만큼 호소할 수 있을까? 그러고 보니 어딘가 다소 허전한 산이다. 나지막하다. 기슭이 펼쳐진 것치고는 낮다. 그 정도 기슭을 품고 있는 산이라면 적어도 1.5배 정도 더 높지 않으면 안 된다.

짓코쿠재***에서 본 후지만은 높았다. 그것은 준수했다. 처음 구름 때문에 꼭대기가 보이지 않아서 그 기슭의 경사를 보고 가늠하여 아마 이 언저리쯤이 정상일 것이라고 구름 한 점에 표시해 두었는데 그사이에 구름이 걷히고 보니 달랐다. 내가 좀 전에 표시해 둔 곳보다 두 배나 높은 곳에 푸른 정상이 후련하게 보였다. 깜짝 놀랐다기보다는 이상하게 근질거리는 바람에 깔깔 웃었다. 끝내주는군 하고 생각했다. 인간이란 완전히 믿음직한 것과 접하면 우선 무기력하게 깔깔거리는 존재인 듯하다. 온몸의 긴장이 힘없이 풀리고 이것은 이상한 표현이긴 하지만 띠를 풀어 젖히고 폭소하는 것 같은 느낌이다. 여러분이 혹시 연인과 만나는 순간에 연인이 깔깔 웃어대기 시작한다면 경사스러운 축복이다. 예의에서 벗어난 연인을 혼내면 절대 안 된다.

* 시즈오카현 동부에 있는 지역. 여기서 후지산이 보인다.
** 외국인이 일반적으로 부르는 후지산의 총칭.
*** 시즈오카현에 있는 771미터의 고개로 360도 전망이 좋고 후지산이 잘 보인다.

연인은 그대를 만나서 그대의 흠 잡을 데 없는 믿음직스러움을 온몸에 끼얹고 있는 것이다.

도쿄의 아파트 창문을 통해서 보는 후지는 힘겹다. 겨울에는 선명하게 잘 보인다. 작고 새하얀 삼각형이 지평선에 앙증맞게 솟아 있는데 그것이 후지다. 그다지 특이하지 않다. 크리스마스 장식 케이크 같다. 게다가 왼쪽으로 어깨가 기울어 불안하고 배의 말미 쪽부터 차츰 침몰해 가는 군함의 모습과 흡사하다. 3년 전 겨울 나는 어떤 사람이 의외의 사실을 털어놓는 바람에 당황했다. 그날 밤 아파트의 한 방에서 혼자 벌컥벌컥 술을 마셨다. 한숨도 못 자고 술을 마셨다. 새벽에 오줌을 누러 들어갔는데 방범 철망이 쳐진 화장실의 사각 창문을 통해 후지가 보였다. 자그맣고 순백색에 왼편으로 약간 기울어 있던 그 후지를 잊을 수 없다. 창문 아래 아스팔트 길을 생선 장수의 자전거가 전속력으로 질주하고 있었는데, 어라, 오늘은 별나게 후지가 선명하게 보이네. 추워 죽겠군 하는 중얼거림을 남겼다. 나는 어두운 화장실 안에 한참을 선 채 창문의 철망을 쓰다듬으면서 훌쩍거렸는데 그런 생각을 두 번 다시 되풀이하고 싶지 않다.

1938년 초가을에 새롭게 마음을 다잡을 각오로 나는 가방 하나 달랑 들고 여행을 떠났다.

고슈* 이 지방 산들의 특징은 산의 기복을 이루는 선이 이상하게 허무하다는 것이다. 비스듬하기 때문이다. 고지마 우스이**

---

* 야마나시현 북동부에 위치한 곳으로 분지를 이루어 여름엔 덥고 겨울엔 춥다.

** 小島烏水: 1873~1948. 풍속화인 우키요에를 연구·소개하는 데 힘썼다. 문예평론가와 수필가를 겸했고 일본산악회 회장을 지냈다.

라는 사람의 일본 산수론에도 "뒤틀린 형태의 산이 많은데 속세를 벗어나서 이 땅으로 유람 온 것 같다"라고 되어 있다. 고슈의 산들은 어쩌면 산 가운데에서 허접한 것일지도 모른다. 나는 고후시에서 버스에 흔들리기를 한 시간 만에 미사카재*에 도달한다. 미사카재, 해발 1,300미터. 이 고개의 정상에 뎅카차야 天下茶屋라는 작은 찻집이 있는데 이부세 마스지** 씨가 초여름부터 이곳 2층에 머물며 일하고 계신다. 나는 그것을 알고 이곳으로 왔다. 이부세 씨의 일에 방해가 안 된다면 옆방이라도 빌려서 나도 한동안 그곳에서 속세를 떠나 유람이라도 할 생각이었다.

이부세 씨는 일하고 계셨다. 나는 이부세 씨의 허락을 얻어서 당분간 찻집에서 정착하게 되고 그때부터는 매일 내키지 않더라도 후지와 정면으로 마주 보지 않으면 안 되게 되었다. 이 고개는 고후에서 도카이도***로 나가는 가마쿠라가도의 요충지에 속해서 북쪽 방면의 후지를 볼 수 있는 대표적 전망대로 알려졌고, 여기에서 본 후지는 옛날부터 후지 3경의 하나로 꼽히는 곳이라는데 나는 그다지 마음에 들지 않았다. 마음에 들기는커녕 경멸하기까지 했다. 너무나도 판에 박은 후지이다. 한가운데에 후지가 있고, 그 아래에 가와구치코라는 호수가 하얗고 썰렁하게 펼쳐지며, 근처의 여러 산이 양 소매로 살그머니 웅크리고 호수를 포옹하듯 감싸고 있다. 나는 첫눈에 보고 당황하며 얼굴을 붉혔다. 이것은 마치 대중탕의 벽에 페인트로 그린 그림

---

* 후지산과 가와구치 호수를 한눈에 볼 수 있는 곳이며 다자이 오사무의 문학비가 있다.

** 井伏鱒二: 1898~1993. 소설가. 다자이의 스승으로 사제관계가 오랫동안 유지되었다.

*** 東海道: 도쿄의 니혼바시에서 교토의 산조하시까지 연결되는 도로.

같다.* 연극 무대의 배경 그림 같다. 아무리 생각해도 주문한 그 대로의 경치가 나는 부끄럽기 짝이 없었다.

내가 그 언덕의 찻집으로 오고 2, 3일 지나 이부세 씨의 일도 일단락된 어느 맑은 날 오후, 우리는 미츠재**에 올랐다. 미츠 재는 해발 1,700미터인 미사카재보다 약간 높다. 급한 경사길 을 한 시간 정도 기어오르듯 하여 미츠재 정상에 도달한다. 칡 넝쿨을 헤치고 좁은 산길을 기듯이 오르는 내 모습이 결코 보 기 좋은 것은 아니었다. 이부세 씨는 등산복으로 잘 갖춰 입은 경쾌한 차림이었지만 나는 마침 갖고 있는 등산복이 없어서 도 테라 차림이었다. 찻집의 도테라는 짧아서 털이 수북한 내 정강 이는 30센티 이상이나 드러났다. 게다가 찻집 주인으로부터 빌 린 고무 깔창의 지카다비***를 신고 있었으므로 내가 보기에도 흉하고 지저분하여 조금 아이디어를 내서 각반을 차고 찻집의 벽에 걸려 있던 낡은 밀짚모자를 썼지만 끝내 이상한지 이부세 씨가 타인의 차림을 결코 경멸하는 분은 아니지만 이때만은 약 간 가련한 듯한 표정을 지었다. 하지만 남자는 몸차림 따위에 신경 쓰지 않는 편이 좋다고 작은 소리로 중얼거리며 나를 위 로해 준 것을 나는 잊지 않고 있다. 이렇게 해서 정상에 도착했 는데 갑자기 짙은 안개가 자욱하게 밀려와서 파노라마 전망대 라는 절벽의 끝자락에 서봐도 좀처럼 전경을 볼 수 없다. 아무 것도 보이지 않는다. 이부세 씨는 짙은 안개 속에서 바위에 걸

---

* 대중탕에는 상서롭다 하여 벽에 거대한 후지산 그림이 장식되는 경우가 많다.

** 야마나시현에 위치하며 일본 200대 명산으로 선정된 고개이자 산.

*** 地下足袋: 바닥이 고무창으로 된 작업용 버선.

터앉아 천천히 담배를 피우면서 방귀를 뀌셨다. 너무나도 따분해 보였다. 파노라마 전망대에는 찻집 석 채가 나란히 늘어서 있다. 그중 노부부 단둘이서만 운영하는 수수한 찻집에서 따끈한 차를 마셨다. 찻집의 노파가 안타깝게 여기며 '참으로 공교롭게도 안개 때문에. 좀 더 있으면 안개도 걷힐 텐데. 후지는 정말로 바로 코앞에 선명하게 보입니다' 하며 찻집 안에서 후지를 찍은 큰 사진을 꺼내와서는 절벽 끝에 서서 양손으로 사진을 높이 들고 '바로 이 언저리에 이렇게 크게, 이렇게 선명하게 보입니다' 하며 열심히 주석을 달고 있다. 우리는 반차*를 마시면서 이 후지를 바라보고 미소 지었다. 멋진 후지를 보았다. 안개가 짙은 것을 안타깝게 생각하지 않았다.

그다음다음 날이었던가? 이부세 씨가 미사카재를 떠나게 되어서 나도 고후까지 동행했다. 고후에서 나는 어떤 여인과 맞선을 보게 되어 있었다. 이부세 씨를 따라 고후 시내에서 벗어나 그 여인 집으로 찾아뵀었다. 이부세 씨는 간편한 등산복 차림이다. 나는 각반에 여름 하오리**를 걸치고 있었다. 여인 집의 정원에는 장미가 많이 심겨 있었다. 여인의 어머니가 맞아들여 객실로 안내하고 인사를 나누는 사이에 상대 여인도 나왔는데 나는 그 여인의 얼굴을 보지 않았다. 이부세 씨와 어머니와는 어른끼리 여러 가지 세상 이야기를 하다가 문득 이부세 씨가

"어라, 후지군" 하고 운을 떼며 내 뒤에 있는 장지문 위쪽을

처다보았다. 나도 몸을 뒤틀어서 뒤쪽 장지문 위쪽을 올려보았다. 후지산 정상의 분화구를 조감하는 사진이 액자에 넣어져 걸려 있었다. 새하얀 수련을 닮았다. 나는 그것을 뚫어지게 바라보다가 다시 천천히 뒤돌아섰을 때 여인을 흘끗 보았다. 그리고 결심했다. 얼마간 어려운 점이 있더라도 이 사람과 결혼하고 싶다고 간절히 생각했다. 그 후지는 고마웠다.

이부세 씨는 그날 귀경하시고 나는 다시 미사카로 돌아갔다. 그리고 9월, 10월, 11월 15일까지 미사카 찻집의 2층에서 조금씩 서서히 일이 풀리고 그다지 선호하지 않는 이 '후지 3경의 하나'와 파김치가 될 정도로 이야기를 나눴다.

한 번 크게 웃은 적이 있다. 대학 강사인가 뭔가 하는 낭만파인 한 친구가 하이킹 도중에 내 숙소에 들렀을 때 둘이 2층 복도로 나가 후지를 바라보면서

"아무래도 진부해. 오후지산°이라는 느낌이 들지 않아?"

"보고 있는 쪽이 오히려 민망해"

라는 등의 시건방진 말을 하며 담배를 피워 무는 사이에 친구가 문득

"어라, 저 스님 같은 친구는 뭘까?"라고 턱으로 가리켰다.

검게 물들인 허름한 옷을 몸에 걸치고 긴 지팡이를 질질 끌면서 후지를 여러 차례 올려다보며 고개를 올라오는 쉰 살쯤 된 자그마한 남자이다.

● 　후지산에 있는 센겐 신사의 별칭으로 신앙의 대상이라는 의미를 담고 있다.

"후지를 유람하는 사이교*라는 느낌이야. 자태가 단아해." 나는 승려를 호의적으로 보았다.

"어쨌든 저명한 승려인지도 몰라."

"허튼소리 말게. 걸인이야." 친구는 냉담했다.

"아냐, 아냐. 속세를 초월한 멋이 있어. 걷는 자태 등이 상당히 세련되지 않아? 옛날 노인 법사**가 이 고갯길에서 후지를 칭송한 노래를 만들었다는데……."

내가 말하고 있는 사이에 친구가 웃음을 터뜨렸다.

"저것 보시게. 세련은커녕."

노인 법사는 찻집의 하치라는 개가 짖어대는 바람에 기겁하며 허둥대고 있었다. 그 모습은 정나미가 떨어질 정도로 꼴사나웠다.

"아니었군. 역시." 나는 허탈했다.

거지는 허둥거리는 모습이 천박해 보일 정도로 갈팡질팡하다가 마침내 지팡이까지 내던지고 혼비백산하더니 더 버티지 못하고 줄행랑을 쳤다. 실로 그것은 볼썽사나웠다. 후지도 저속하다면 법사도 저속하다는 결말이 되고 말아 지금 생각해도 어처구니가 없다.

닛타新田라는 스물다섯 살의 자애로운 청년이 고개를 다 내려간 기슭의 요시다라는 길고 협소한 시내의 우체국에서 근무하고 있는데, 그 사람이 우편물을 보고 내가 여기에 와 있다는 사실을 알았다며 찻집을 방문했다. 내가 머무는 2층 방에서 한동

---

* 　西行: 1118~1190. 헤이안 시대 말기에서 가마쿠라 초기에 활약한 가인이자 승려이며 무사.
** 　能因法師: 988~1058. 헤이안 시대 중기의 승려이자 가인.

안 이야기를 나누다가 드디어 친숙해질 무렵 닛타가 미소를 지으며 실은 친구가 두세 명 더 있어 모두 함께 방문할 생각이었지만 막상 때가 되니 모두 꽁무니를 뺐습니다. 다자이 씨가 사토 하루오* 씨의 소설에 데카당스**인 데다가 성격 파산자로 묘사되어 있어 모두 오는 것은 무리였습니다. 저도 설마 이렇게 성실하고 진지한 분일 줄은 몰랐고요. 다음에는 모두 데리고 오겠습니다. 괜찮을까요?

"그건 상관없습니다만." 나는 쓴웃음을 지었다.

"그렇다면 그대는 큰 결심을 하고 친구들을 대표하여 나를 정탐하러 온 셈이군요."

"결사대였습니다." 닛타는 솔직했다. "엊저녁에도 사토 선생님의 소설을 다시 한번 반복해서 읽고 단단히 각오를 다지고 왔습니다."

나는 방의 유리창 너머로 후지를 보고 있었다. 후지는 침묵 속에 둔중하게 서 있었다. 비범하군 하고 생각했다.

"멋있어. 후지는 역시 멋진 구석이 있군. 대단해." 후지는 압권이라고 생각했다. 시시때때로 변덕을 부리는 나의 애증愛憎이 부끄러웠고 후지는 역시 탁월하며 멋지게 해내고 있다고 생각했다.

"멋지게 해내고 있나요?" 닛타는 내 말이 우스웠던 모양인지 총명함이 배어난 미소를 짓고 있었다.

---

* 佐藤春夫: 1892~1964. 시인이자, 소설가.

** 19세기 말에서 20세기 초에 파리를 중심으로 일어난 반권위주의, 반도덕주의, 악마주의, 병적 취미 등 반기성을 특징으로 하는 예술상의 한 경향.

닛타는 그 후 청년을 여러 명 데리고 왔다. 모두 점잖은 사람들로 나를 선생님이라 불렀다. 나는 그것을 진술하게 받아들였다. 나에게는 자랑할 만한 것이 아무것도 없다. 학문도 없고 재능도 없다. 육체는 병들고 마음도 빈곤하다. 하지만 고뇌만은 그 청년들에게 선생님이라 불리는 데 토를 달지 않고 그것을 받아들여도 좋을 만큼 경험해 왔다. 단지 그것뿐. 지푸라기 한 올 같은 자존심이다. 하지만 나는 이 자존심만은 확고하게 갖고 싶다. 마구잡이로 떼를 쓰는 아이 같다는 말을 들어온 내 내면의 고뇌를 과연 몇 사람이나 알고 있을까? 닛타와 다나베田辺라는 단카를 잘 짓는 청년 두 사람은 이부세 씨의 독자이고 그런 점도 편안해서 나는 이 두 사람과 하룻밤은 사이좋게 지냈다. 언젠가 한 번 요시다에 데리고 가주었다. 요시다는 놀라울 정도로 길고 가느다란 읍내였다. 산기슭이라는 느낌이 있었다. 후지로 인해 햇살도 바람도 막히는 통에 가늘게 자란 줄기처럼 어둡고 약간은 을씨년스러운 느낌이 있는 읍내였다. 길을 따라서 맑은 물이 흐르고 있다. 이것은 산기슭에 형성된 마을의 특징인 듯, 미시마에도 마을 전체를 이렇게 맑은 물이 쉼 없이 흐르고 있다. 그 지역 사람들은 후지의 눈이 녹아서 흘러오는 것이라고 순수하게 믿고 있다. 요시다의 물은 미시마의 물에 비해서 수량도 부족하고 더럽다. 물을 바라보면서 나는 이야기했다.

"모파상의 소설에 어떤 양갓집 규수가 매일 밤 귀공자를 만나러 강을 헤엄쳐 갔다고 묘사되어 있는데, 옷을 어떻게 했을까? 설마 알몸은 아니었겠지?"

"글쎄요." 청년들도 생각에 잠겼다. "해수욕 비키니 아니었을까요?”

“머리 위에 옷을 얹어 묶은 다음 헤엄쳐서 갔을까?”

청년들이 웃음을 터뜨렸다.

“아니면 옷을 입은 채 물에 들어가서 푹 젖은 상태로 귀공자를 만나고, 둘이 난로 앞에서 옷을 말렸을까? 그렇게 했다면 돌아갈 때는 어떻게 했을까? 애써 말린 옷을 다시 푹 적시며 헤엄을 치지 않으면 안 되는데. 걱정스럽군. 귀공자가 헤엄쳐서 와주면 좋았을 텐데. 남자라면 팬티를 하나 걸치고 헤엄쳐도 그렇게 민망하지는 않았을 텐데. 귀공자는 수영이 젬병이었을까?”

“아니, 규수 쪽에서 홀딱 반해버렸기 때문이라고 생각합니다.” 닛타는 진지했다.

“그럴지도 몰라. 외국 소설의 규수는 용감하고 귀엽군. 사랑에 빠지면 강을 건너서라도 만나러 가니 말이야. 일본에서는 그렇게까지는 가지 않지. 제목이 뭔지 잊었는데 그런 연극이 있지 않아? 한가운데에 강이 흐르고 양쪽 강둑에서 남자와 규수가 슬픔에 젖어 탄식하고 있는 연극 말이야? 그럴 때 그 규수 말인데, 넋두리할 필요가 없어. 헤엄쳐서 가면 어떨까? 연극에서 보면 강이 아주 좁더라고. 저벅저벅 건너서 가면 어떨까? 그렇게 한탄해 봤자 의미가 없지. 동정이 안 가. 아사가오*가 나오는 오이강은 큰 데다가 아사가오는 눈이 멀었으니 그 작품에는 약간 공감이 가지만 그것도 헤엄쳐서 가려면 갈 수 없는 곳도 아

---

* 시각장애인 아사가오(朝顔)와 연인 고마자와 지로자에몽(駒沢次郎左衛門)의 파란만장한 사랑 이야기. 인형극(조루리)이나 가부키의 상연 목록이다.

니야. 오이강의 말뚝을 부여잡고 텐도님*을 탓해봤자 의미가 없어. 아, 한 사람 있어. 일본에도 용감한 여인이 있거든. 그 친구는 대단해. 알고 있어?"

"정말이에요?" 청년들도 눈을 반짝였다.

"기요히메.** 안친을 쫓아 히다카강을 헤엄쳤어. 죽기 살기로 헤엄쳤지. 그 친구는 대단해. 관계 서적을 보면 기요히메는 그때 열네 살이었다는군."

길을 걸으며 엉뚱한 이야기를 나누다가 읍내 외곽 다나베의 벗인 듯한 사람이 운영하는 한적하고 오래된 여관에 도착했다.

그곳에서 마셨는데 그날 밤의 후지는 마음에 들었다. 밤 10시쯤 청년들은 나 혼자만 여관에 남겨두고 각자 집으로 돌아갔다. 나는 잠이 안 와서 도테라 차림으로 밖으로 나가보았다. 달이 아주 휘영청 밝은 밤이었다. 후지가 돋보였다. 달빛을 받아 파르스름한 색으로 속이 훤히 들여다보이는 듯해서 나는 여우로 변해버린 듯한 느낌이 들었다. 후지가 싱그러움이 넘쳐흐르듯 푸르렀다. 도깨비불이 활활 타오르는 듯한 느낌이 들었다. 귀신불, 여우불, 반딧불, 억새, 칡넝쿨의 잎.*** 나는 다리가 사라진 듯한 느낌****으로 밤길을 똑바로 걸었다. 게다 소리만은 내 것

---

* 天道樣: 인간의 선행과 악행을 꿰뚫어 보고 있다는 태양신.
** 淸姬: 젊은 승려 안친(安珍)과 사랑에 빠져 둘은 만나기로 했지만 수행 중인 신세로 약속을 어긴 승려를 쫓아서 히다카강(日高川)을 건너다가 질투와 분노로 거대한 뱀으로 변하여 도조사(道成寺)의 종 속에 숨은 승려를 태워 죽인다는 와카야마현 도조사의 전설상 주인공.
*** 숲의 백여우가 아베노 야스나의 도움으로 목숨을 건지고는 여자로 변하여 아베노와 부부가 되어 아이를 하나 두었지만 정체가 드러나는 바람에 "만나고 싶으면 내 거처인 시노다숲으로 와서 보시라. 한맺힌(뒤집힌) 칡넝쿨잎"이라는 노래를 남기고 사라졌다는 인형극 대본.
**** 일본에서 유령이나 귀신은 이승과 저승을 떠돌기 때문에 다리가 없는 존재로 묘사되는 경우가 많다.

이 아닌 듯 다른 생물체 소리처럼 따각따각 아주 맑게 울려 퍼진다. 살짝 뒤돌아보니 후지가 있다. 푸르게 불타며 하늘에 떠 있다. 나는 한숨을 쉰다. 메이지 유신의 지사인 구라마텐구.* 나는 스스로를 그 사람이라고 생각했다. 약간 거드름을 피우며 두 팔을 포갠 채 걸었다. 자신이 꽤 괜찮은 남자로 생각되었다. 정말 많이 걸었다. 지갑을 떨어뜨렸다. 50전짜리 은화가 20개 정도 들어 있어서 너무 묵직한 나머지 품속에서 스르르 미끄러져 떨어졌을 것이다. 나는 이상하게 태연했다. 돈이 없다면 미사카까지 걸어가면 된다. 그대로 걸었다. 문득 지금 걸었던 길을 그대로 되돌아 가면 지갑이 있을 거라는 생각이 들었다. 품에 손을 넣은 채 오던 길을 되짚어 하염없이 걸었다. 후지, 달밤, 메이지 유신의 지사, 지갑을 떨어뜨렸다. 재미있는 로맨스라고 여겼다. 지갑은 길 한가운데에서 반짝이고 있었다. 있는 게 당연하지. 나는 그것을 주워서 여관으로 돌아와 잤다.

후지에 홀리고 말았던 것이다. 나는 그날 밤 정신이 나갔다. 완전하게 의지를 상실하고 말았다. 그날 밤은 지금 생각해도 이상하게 나른했다.

요시다에서 1박을 하고 그다음 날 미사카로 돌아오니 찻집 여주인은 히죽거리고 열다섯 살 된 딸은 뾰로통해 있었다. 내가 더러운 행동이라도 하고 온 것이 아니라는 사실을 넌지시 알리고 싶어서 어제 하루의 행적을 묻지도 않았는데 일일이 꼼꼼하게 알려주었다. 묵었던 여관의 이름, 요시다의 술맛, 달밤의 후

* 鞍馬天狗: 에도 말기의 역사 소설에서 초인적으로 활약하며 신출귀몰했던 지사.

지, 지갑을 떨어뜨린 일을 남김없이 토로했다. 소녀도 마음이 누 그러졌다.

"손님! 일어나봐요!" 어느 날 아침 찻집 밖에서 소녀가 카랑카랑한 목소리로 소리 지르는 바람에 나는 마지못해 일어나 복도로 나가 보았다.

소녀는 흥분한 나머지 볼이 상기되어 있었다. 잠자코 하늘을 가리켰다. 보니 눈. 깜짝 놀랐다. 후지에 눈이 내린 것이다. 산 정상이 새하얗게 반짝이고 있었다. 미사카의 후지도 만만하게 볼 수 없어 하고 생각했다.

"멋지군"

하고 칭찬해 주었더니 소녀는 보란 듯이

"빼어나죠?"라며 좋은 어휘를 사용해서 "미사카의 후지는 저래도 부족한가요?"라고 웅크리며 말했다. 내가 전부터 저런 후지는 저속해서 안 된다고 가르쳐왔기에 소녀는 내심 풀이 죽어 있었을지도 모른다.

"역시 후지는 눈이 내리지 않으면 안 된다." 좀 더 그럴싸한 표정을 지으며 나는 그렇게 고쳐서 가르쳤다.

나는 도테라를 입고 산속을 여기저기 돌아다니며 달맞이꽃 씨앗을 양손에 가득 따와서는 찻집의 뒤뜰에 뿌려주고

"알겠어? 이것은 나의 달맞이꽃이야. 내년에 또 와서 볼 테니까. 여기에 빨래한 물을 버리거나 하면 안 돼." 소녀는 끄덕였다.

딱히 달맞이꽃을 선택한 이유는 후지에는 달맞이꽃이 잘 어울린다고 굳게 믿은 사정이 있던 탓이다. 미사카재의 그 찻집은 이른바 산속의 외딴집이므로 우편물은 배달되지 않았다. 고개

의 정상에서 흔들리는 버스로 30분 정도 가면 고개 중턱인 가와구치 호반의 가와구치촌이라는 문자 그대로 썰렁한 촌에 도달하는데 그 가와구치촌의 우체국으로 우편물을 받으러 나가지 않으면 안 된다. 쾌청한 날을 골라서 간다. 이곳의 버스 여차장은 유람객을 위해서 특별히 경치를 설명해 주지는 않는다. 하지만 가끔 생각난 듯 장황한 산문 조로 저것이 미츠재이고 맞은편이 가와구치 호수인데 빙어라는 물고기가 있습니다라는 둥 내키지 않는 듯이 중얼거리는 듯한 어조로 들려준 적도 있다.

가와구치 우체국에서 우편물을 받아 또다시 흔들리는 버스를 타고 찻집으로 돌아오는 도중에 내 바로 옆자리에 창백한 얼굴에 짙은 갈색 히후*를 입은 60세쯤 되는, 우리 어머니와 닮은 노파가 웅크리고 앉아 있었는데 여차장이 생각난 듯 '여러분, 오늘은 후지가 잘 보이네요' 하며 설명도 곁들이지 않고 그렇다고 혼자만의 영탄이라고도 할 수 없는 말을 갑자기 꺼내는 바람에 배낭을 멘 젊은 회사원이나 커다랗게 일본식 머리를 틀어 올리고 입가를 소중한 듯 감싸서 가리고 비단옷을 걸친 게이샤풍 여인 등이 몸을 돌려서 일제히 차창으로 목을 내민다. 그리고 이제 와서 새삼스럽게 아무런 변화도 없는 삼각형의 산을 바라보고는 '헉'이라든가 '어머'라든가 정신 나간 듯이 탄성을 질러대며 버스 안은 한동안 술렁거렸다. 하지만 내 옆자리의 노인은 가슴에 심각한 고민이라도 있는지 다른 유람객들과 달리 후지에는 눈길 한 번 주지 않고 오히려 후지와 반대쪽의 산

---

* 被布: 기모노 위에 걸치는 조끼 모양의 옷.

길을 따라 이어지는 절벽을 응시하고 있었다. 나에게는 그 모습이 숨이 멎을 듯 상쾌하게 느껴져 나도 또한 후지 따위, 저런 속된 산은 보고 싶지도 않다는 식의 고상하고 허무한 마음을 그 노파에게 보여주고 당신의 고통, 쓸쓸함 모두 잘 이해한다며 공감을 보여주고 싶어 부탁도 받지 않았는데 노파에게 아양을 떨 듯 살짝 다가가서 노파와 똑같은 자세로 멍하니 절벽 쪽을 바라봐 주었다.

노파는 뭐랄까, 나에게 안심하고 있었으리라. 무심코 한마디.

"오호, 달맞이꽃."

그렇게 말하며 가느다란 손가락으로 길가의 한곳을 가리켰다. 버스가 횡하니 지나가고 내 시선에는 지금 얼핏 본 황금색 달맞이꽃 한 송이가 꽃잎도 선명하게 없어지지 않고 남았다.

3,776미터의 후지산과 당당하게 맞대응하고 서서 꿈쩍도 하지 않는, 뭐랄까? 금강불괴*꽃이라고도 말하고 싶을 정도로 갸륵하게 우뚝 서 있는 달맞이꽃은 눈부셨다. 후지에 달맞이꽃은 잘 어울렸다.

10월 중순이 지나도 내 작업은 꾸물꾸물 진행되지 않고 있다. 사람이 그립다. 2층의 복도에서 혼자 담배를 피우면서 빨간 저녁놀이 물든 솜털 구름 아래, 후지에는 눈길도 한 번 주지 않고 그야말로 피를 뚝뚝 흘리는 듯한 선홍색의 단풍을 응시하고 있었다. 찻집 앞의 낙엽을 쓸어모으는 여주인에게 말을 걸었다.

"아주머니! 내일은 날씨가 좋겠죠?"

---

* 金剛力: 다이아몬드처럼 강하고 빛이 난다고 해서 붙여진 이름으로 불교의 수호신이며 불굴의 정신과 강력함의 상징이다.

스스로도 깜짝 놀랄 정도로 흥분에 찬 날카로운 목소리였
다. 아주머니는 손길을 멈추고 얼굴을 들어 의심스러운 듯이 미
간을 찌푸리며

"내일 뭔가 일정이 있으세요?"

그렇게 물어대자 나는 대답이 궁했다.

"아무것도 없습니다."

여주인은 웃음을 터뜨렸다.

"적적하시죠? 산이라도 오르시지요?"

"산은 올라봤자 곧장 내려오지 않으면 안 되니 재미없어요.
어떤 산을 오르더라도 한결같이 후지산이 보일 뿐이니 그것을
생각하면 마음이 무거워져요."

내 말이 이상했을 것이다. 아주머니는 그저 애매하게 고개를
끄덕일 뿐 다시 낙엽을 쓸었다.

잠들기 전에 방의 커튼을 살짝 열고 유리창 너머로 후지를
본다. 달밤의 후지는 희푸르고 물의 요정 같은 모습으로 서 있
다. 나는 한숨을 쉰다. 아, 후지가 보인다. 별이 크다. 내일은 날
씨가 좋겠군 하니 그것만이 어렴풋이 살아 있는 기쁨이다. 그리
고 또 슬그머니 커튼을 닫고 그대로 잠자리에 들었는데 내일 날
씨가 좋다고 해서 딱히 내 몸에는 아무런 일도 일어나지 않는
다고 생각하니 우스워져서는 혼자 이불 속에서 쓴웃음을 짓는
다. 괴롭다. 일이, 순수하게 글을 쓰는 그 고통보다도 아니, 글
쓰는 행위는 오히려 나의 즐거움이기도 하지만 그것이 아니라
나의 세계관, 예술이라는 것, 내일의 문학이라는 것, 이른바 새
로움이라는 것, 나는 그런 것들에 대해서 아직 미적거리며 번민

하고 단언컨대 안간힘을 쓰고 있었다.

소박한 자연 그대로의 것, 따라서 간결하고 선명한 것, 그런 것을 단번에 포착해서 그대로 종이에 옮겨 쓰는 일, 그보다 괜찮은 것은 없다고 생각하고 그렇게 생각할 때는 눈앞 후지의 모습도 특별한 의미로 다가온다. 이 모습과 표현은 결국 내가 생각하고 있는 '단일 표현'의 아름다움인지도 모른다며 약간은 후지와 타협을 시도하지만 역시 어딘가 후지의 통 모양의 지나친 소박함에는 질린 적도 있었고 이것이 훌륭하다면 호테이님* 장식도 훌륭할 것이다. 호테이님 장식은 도저히 참을 수 없다. 그런 것은 도저히 좋은 표현이라고는 생각되지 않는다. 이런 후지의 모습도 역시 어딘가 잘못되었다. 이것은 아니다 하며 갈피를 잡지 못하는 것이다.

아침에, 저녁에 후지를 보면서 울적한 시간을 보내고 있었다. 10월 말에 산기슭인 요시다 읍내의 한 창녀 단체에서 창녀들이 자동차 다섯 대에 나누어 타고 미사카재로 올라왔다. 아마 일 년에 한 번쯤은 자유를 주는 날일 것이다. 나는 2층에서 그 모습을 보고 있었다. 자동차에서 내린 형형색색의 창녀들이 바구니에서 해방된 한 무리 전서구**처럼 처음에는 걸어갈 방향조차 모른 채 그저 모여서 우물쭈물하며 말없이 우왕좌왕하고 있었는데 이윽고 그 이색적인 긴장이 풀리고 제각각 걷기 시작했다. 찻집의 가게 진열대에 진열된 그림엽서를 차분하게 고르

---

* 금전운이나 건강 장수를 안겨준다는 7복신의 하나로 배불뚝이 좌상의 신상 장식이다.
** 伝書鳩: 귀소본능을 이용하여 멀리 떨어진 곳에 메시지를 전달하는 수단으로 이용되던 비둘기.

는 사람, 그냥 우두커니 서서 후지를 바라보는 사람. 어둡고 쓸쓸하여 보고만 있을 수 없는 풍경이었다. 2층 한 사내의 목숨을 아끼지 않는 공감도 이들 창녀의 행복에 대해서는 거들어줄 방법이 없다. 나는 그저 바라만 볼 뿐이었다. 고통스러운 사람은 고통을 느껴라, 떨어질 사람은 떨어져라, 내가 알 바 아니다. 그것이 세상이다. 그렇게 무리해서 냉정함을 가장하고 그들을 내려다보고 있지만 나는 너무 괴로웠다.

후지에 부탁하기로 하자. 갑자기 그런 생각이 났다. 이봐, 이들을 잘 부탁해. 그런 기분으로 올려다보니 쌀쌀한 하늘 가운데서 말없이 우뚝 서 있는 후지산, 그때의 후지는 마치 도테라 차림으로 팔짱을 낀 채 오만한 자세로 있는 폭력배의 수괴로까지 보였는데, 나는 그렇게 후지에 부탁한 뒤 크게 안도하고는 가벼운 마음으로 찻집의 여섯 살짜리 남자아이와 하치라는 털북숭이 개를 데리고 창녀 무리에는 아랑곳하지 않고 언덕 가까이 터널 쪽으로 놀러 갔다. 터널 입구에서 서른 살쯤 된 여윈 창녀가 혼자서 뭔가 허접한 풀꽃을 잠자코 뜯어 모으고 있었다. 우리가 곁을 지나가도 돌아보지 않고 열심히 풀을 뜯고 있다. 이 여인도 아울러 부탁드립니다 하고 다시 뒤돌아 올려보며 후지에 부탁해 두고 나는 아이의 손을 잡고 재빨리 터널 안으로 들어갔다. 터널의 차가운 지하수를 뺨과 목덜미에 한 방울, 한 방울 맞으면서 내가 알 바 아니야 하며 애써 큰 걸음으로 걸어보았다.

그 무렵 나의 결혼 이야기도 제동이 걸렸다. 고향에서 전혀 도움의 손길이 없다는 사실이 분명해지는 바람에 나는 난처해지고 말았다. 적어도 백 엔 정도는 원조받을 수 있을 것으로 넉살 좋게 멋대로 생각하고 있었고 그것으로 조금이라도 엄숙하게 결혼식을 올리고 그 뒤의 가족을 거느리는 비용은 내가 일해서 돈을 벌어 충당하려고 생각하고 있었다. 하지만 편지가 두세 통 오가는 사이에 집으로부터 도움은 전혀 없다는 사실이 분명해지자 나는 막막했다. 이 이상은 혼담을 거절당한다 해도 어쩔 수 없다는 각오를 하고 우선 상대방에게 일의 전말을 남김없이 말해봐야겠다며 홀로 언덕을 내려가서 고후의 여인 집으로 찾아뵈었다. 다행히 여인도 집에 있었다. 나는 객실로 안내되어 여인과 어머니 두 사람을 앞에 놓고 모든 사정을 고백했다. 때로는 연설조로 되는 바람에 질렸다. 하지만 비교적 솔직하게 할 말을 다했던 것처럼 느껴졌다. 여인은 차분하게

"그래서 댁에서는 반대하시는 겁니까?" 고개를 갸우뚱하며 나에게 물었다.

"아니요. 반대하는 것이 아니고." 나는 오른손바닥을 살짝 탁자 위에 얹고

"저 혼자서 해결하라는 방침인 듯합니다."

"좋습니다." 어머니는 기품 있게 미소 지으며 "저희 집도 보시는 바와 같이 부자는 아니고요. 대단한 예식은 오히려 당혹스러운 일이고 당신 한 분, 애정과 직업에 대한 열의만 가지고 계시다면 그것으로 저희는 충분합니다."

나는 인사하는 것도 잊은 채 한동안 멍하니 뜰을 바라보고 있었다. 눈시울이 뜨거워짐을 느꼈다. 이 어머니에게 효도하리라 마음먹었다.

돌아오는 길에 여인은 버스 정거장까지 바래다주었다. 걸으면서

"어떨까요? 조금 더 교제해 볼까요?"

거드름을 피우는 말을 잘도 해댔다.

"아니요. 이제 됐어요." 여인은 웃고 있었다.

"뭔가 질문 있나요?" 드디어 한술 더 뜨는 바보 같은 발언이다.

"있습니다."

나는 무슨 질의를 받아도 있는 그대로 대답하려고 마음먹고 있었다.

"후지에는 이미 눈이 내렸을까요?"

그 질문에 나는 맥이 빠졌다.

"내렸습니다. 꼭대기 쪽에……"라고 말하고는 앞쪽을 바라보니 후지가 보인다. 이상한 느낌이 들었다.

"뭐야. 고후에서도 후지가 보이잖아? 개털로 보고 있었네." 조직 폭력배의 말투가 되어 버려서 "지금 이것은 어리석은 질문입니다. 개털로 보고 있었네." 여인은 고개를 숙이고 쿡쿡 웃으며

"그러니까 미사카재로 가실 테고 후지에 관한 질문이라도 드리지 않으면 미안할 것 같아서." 이상한 아가씨라고 생각했다.

고후에서 돌아와 보니 역시 호흡이 곤란할 정도로 어깨가 많이 결린다는 것을 느꼈다.

"좋군요. 아주머니, 역시 미사카는 맘에 들어요. 우리 집으로 돌아온 것 같은 느낌이 들어요."

저녁 식사 후에 안주인과 딸이 교대로 내 어깨를 두드려 준다. 안주인의 주먹은 단단하고 날카롭다. 딸의 주먹은 부드럽고

별로 약발이 없다. 나에게 좀 더 세게, 세게라는 말을 듣자 딸은 장작을 꺼내와서는 그것으로 내 어깨를 두들겼다. 그 정도로 해주지 않으면 내 어깨의 뭉침은 풀리지 않을 정도로 나는 고후에서 긴장하고 혼신의 힘을 다했던 것이다.

고후에 다녀와서 2, 3일 동안 역시 나는 정신이 나간 듯 멍하니 일할 기분도 들지 않고 책상에 앉아서 마구잡이로 낙서하면서 골덴뱃이라는 담배를 7, 8갑이나 피워대고 다시 누워 뒤척이다가 '다이아몬드도 갈지 않으면'이라는 창가를 여러 차례 반복해서 흥얼거릴 뿐으로 소설은 한 장도 쓸 수 없었다.

"손님, 고후에 가는 바람에 나빠졌군요."

아침에 내가 책상에서 턱을 괴고 눈을 감은 채 골똘히 생각에 잠기자 등 뒤에서 도코노마*를 걸레로 훔치면서 열다섯 살 소녀는 꽤 토라진 듯, 약간은 가시 돋친 어조로 그렇게 말했다. 나는 돌아보지도 않고

"그럴까? 나빠졌을까?"

딸은 걸레질을 멈추지 않은 채

"정말 나빠졌어요. 최근 2, 3일 전혀 못 쓰잖아요. 나는 매일 아침 손님이 휘갈긴 원고지를 번호순으로 세어보는 것이 엄청 재미있어요. 많이 쓰고 계시면 기뻐요. 어제도 나는 2층으로 상황을 보러 왔거든요, 알아요? 손님은 이불을 뒤집어쓰고 잠자고 있었잖아요?"

나는 고맙다고 느꼈다. 좀 거창하게 말하면 이것은 나의 생

---

* 床の間: 일본 주택 객실에 족자와 화병을 장식할 수 있게 마련해 놓은 다다미 한 장짜리 공간.

존 노력에 대한 순수한 성원이다. 어떤 보수도 생각하지 않는다. 나는 딸을 아름답다고 생각했다.

10월 말이 되자 산의 단풍도 거무칙칙하게 지저분해지면서 느닷없이 밤사이에 폭풍우가 휘몰아치더니 순식간에 산은 검은 나목처럼 변하고 말았다. 풍류객도 거의 셀 수 있을 정도밖에 없다. 찻집도 텅 빈 느낌이고 안주인은 가끔 여섯 살짜리 남자아이를 데리고 언덕 기슭의 후나츠나 요시다에 장을 보러 나갔다. 집에는 관광객도 없어서 온종일 딸과 둘만이 언덕 위에서 조용히 지내는 경우가 있다. 내가 2층이 따분해서 밖으로 나가 한가로이 거닐다가 찻집 뒤쪽에서 빨래하고 있는 딸 곁으로 가서

"따분하지?"

라고 큰 소리로 말하고 문득 미소를 지었는데 딸이 고개를 숙이는 바람에 그 얼굴을 들여다보다가 깜짝 놀랐다. 울먹이고 있었다. 분명히 두려운 표정이다. 그런가 하며 몹시 불쾌해진 나는 휙 돌아서서 온통 낙엽이 깔린 좁은 산길을 아주 혐오스러운 기분으로 한참을 거칠게 걸어 다녔다.

그러고 나서는 정신이 들었다. 딸이 혼자 있을 때는 가능한한 2층의 방에서 나오지 않으려 애썼다. 찻집에 손님이라도 왔을 때는 내가 그 소녀를 지킨다는 의미도 있어 천천히 2층에서 내려와서는 찻집 한쪽 구석에 앉아 천천히 차를 마시는 것이다. 언젠가 신부 차림의 손님이 가문 문장이 들어간 기모노•를 입은 할아버지 두 사람과 함께 자동차를 타고 와서는 이 언

덕의 찻집에서 잠깐 쉬어 간 적이 있다. 그때도 딸 혼자서만 찻집에 있었다. 나는 역시 2층에서 내려와 구석 의자에 앉아서 담배를 피워물었다. 신부는 스소모요*라는 기다란 기모노에 긴란金襴이라는 오비를 허리에 두르고 츠노가쿠시**를 쓴 어엿한 예복 차림이었다. 완전히 이색적인 손님이었으므로 딸도 어떻게 접대해야 할지 몰라 신부와 두 노인에게 차를 따라줄 뿐 내 뒤에 숨어서 선 채 잠자코 신부를 살피고 있었다. 평생 단 한 번의 잔칫날에, 고개 맞은편에서 반대쪽인 후나츠라든가 요시다의 읍내로 시집가는 것일 텐데, 그 도중에 이 언덕의 정상에서 한번 쉬며 후지를 바라본다는 것은 옆에서 보아도 겸연쩍을 정도로 로맨틱한데, 그 와중에 이 신부는 찻집에서 나와 찻집 앞의 절벽 가장자리에 서서 천천히 후지를 바라보았다. 다리를 엑스자형으로 꼬고 선 대담한 자세였다. 여유가 있는 사람이구나 하며 나는 역시나 신부를, 후지와 신부를 관상하고 있었는데 이윽고 신부는 후지를 향해서 크게 하품을 했다.

"어머!"

등 뒤에서 작은 소리로 외쳤다. 딸도 이미 그 하품하는 모습을 발견했던 모양이다. 이윽고 신부 일행은 기다리게 해두었던 자동차를 타고 고개를 내려갔지만, 나중에 신부는 연신 하품을 해댔다.

"너무 닳고 닳아빠졌어. 저 인간은 틀림없이 두 번 아니 세

번째야. 남편이 고개 아래서 기다리고 있을 텐데 자동차에서 내려 후지를 바라보다니. 처음 결혼하는 신부였다면 저런 낯 두꺼운 일은 할 수 없을 텐데.”

“하품했어.” 딸도 힘주어서 찬성의 뜻을 표했다. “저렇게 크게 입을 벌려 하품을 해대다니 너무 뻔뻔하네요. 손님, 저런 여자를 신부로 맞아들이면 안 돼요.”

나는 나잇값도 못 하고 얼굴이 빨개졌다. 내 결혼 이야기도 점점 좋은 방향으로 가고 어떤 선배로부터 모든 도움을 받게 되었다. 결혼식도 가까운 친지 두세 명만 참석해 주기로 했고 궁핍하지만 엄숙하게 그 선배의 집에서 해주시기로 해서 나는 타인의 인정에 소년처럼 흥분하고 있었다.

11월에 들어서자 이미 미사카의 추위에 견딜 수 없었다. 찻집에서는 난로를 준비했다. “손님, 2층은 춥죠? 일하실 때는 난로 옆에서 하시는 게 어때요?” 하고 안주인은 권했지만, 나는 다른 사람이 보는 앞에서는 일할 수 없는 성격이므로 그것을 거절했다. 안주인은 걱정하며 언덕 기슭의 요시다로 가서 고타츠를 하나 사왔다. 나는 2층 방에서 그곳에 다리를 넣고 이 찻집 식구들의 친절에는 진심으로 감사를 표하고 싶었지만 이미 그 전체의 3분의 2가량 눈을 머리에 얹은 후지를 보고 또한 근처 여러 산의 조용하고 쓸쓸한 나목을 접하고 더는 이 언덕에서 살을 에는 추위를 견디는 것도 무의미하게 생각되어 하산하기로 결심했다. 하산하기 전날 내가 도테라를 두 장 겹쳐 입고 찻집 의자에 걸터앉아 뜨거운 반차를 홀짝거리고 있을 때 겨울 외투를 입은 타이피스트일까, 젊고 지적으로 보이는 두 아가씨가 터널 쪽에서 뭔가 소리지르고 깔깔거리며 걸어오다가 느닷없이 눈앞의 후지를 발견하고는 감동받은 듯 멈춰 섰다. 그러고 나서 머리를 맞대고 소곤거리더니 그중 안경을 쓰고 얼굴이 흰 여인이 싱글거리면서 내가 있는 쪽으로 왔다.

"죄송합니다. 셔터를 눌러주세요."

나는 당황했다. 나는 기계에는 그다지 밝지 않은 데다가 사진 취미는 전혀 없고 게다가 도테라를 두 벌이나 겹쳐 입고 있어서 찻집 사람들마저 산적 같다며 놀렸던 그런 지저분한 모습이었고 아마 도쿄 사람인 듯한 멋쟁이 아가씨로부터 그런 하이칼라의 일을 부탁받는 바람에 내심 당황하고 있었던 것이었다. 하지만 곧 생각을 고쳐먹고 이런 모습을 하고 있어도 역시 알 만한 사람이 보면 어딘가 날씬한 모습도 있고 사진의 셔터 정도 멋지게 눌러낼 사람으로 보일지도 모른다는 등의 약간은 들뜬 기분도 한몫해서 나는 평정을 가장하고 아가씨가 내민 카메라를 받아 들고는 자연스러운 말투로 셔터 누르는 방법을 좀 묻고는 후들후들 떨면서 렌즈를 들여다보았다. 한가운데에 거대한 후지, 그 아래에 작은 양귀비꽃 두 송이. 두 사람이 빨간 외투를 갖춰 입고 있다. 두 사람은 꼭 껴안듯이 찰싹 붙어서 아주 진지한 표정이 되었다. 나는 우스워서 견딜 수 없었다. 카메라를 든 손이 후들거려서 어떻게 할 수 없다. 웃음을 참으며 렌즈를 들여다보니 양귀비꽃은 드디어 차분한 표정으로 굳어 있었다. 아무래도 조준이 어려워서 나는 두 사람 모습을 렌즈에서 몰아내고 단지 후지산만 렌즈 가득하게 클로즈업해서 후지산이여, 안녕. 신세 많이 졌습니다. 찰칵.

"네, 찍었습니다."

"고맙습니다."

두 사람은 목소리를 가다듬어 예의를 표한다. 집으로 돌아가서 현상을 해보고는 기겁할 것이다. 후지산만이 크게 찍혀 있고 두 사람 모습은 눈을 씻고 찾아봐도 없을 테니 말이다.

그다음 날에 하산했다. 우선 고후의 싸구려 여관에서 1박하고 그다음 날 아침 싸구려 여관의 지저분한 복도의 난간에 기대서 후지를 보니 고후의 후지는 여러 산의 뒤쪽에서 3분의 1 정도 얼굴을 내밀고 있다. 꽈리꽃을 닮았다.(1939년 2~3월)

한량

粹人

한량*

"세상에는 인내라는 것이 있다. 이 마음가짐을 잊어서는 안 된다. 조금은 괴롭겠지만 참아야 한다. 밤이 지나면 아침이 오는 법이다. 겨울 다음에는 봄이 오니 말이다. 이것은 불변이다. 세상은 온묘,** 온묘, 온묘로 이어져 가는 법이다. 행복과 불행은 늘어선 집들의 처마처럼 이어지지. 지독한 불행 바로 옆에는 혹독한 겨울 끝에 오는 봄처럼 대길大吉이야. 이런 이치를 잊어서는 안 되지. 내년에는 누가 뭐라 해도 대길임이 틀림없어. 그때는 당신도 연극이 바뀔 때마다 가마를 타고 구경 가는 거야. 그런 정도의 사치는 용서하겠소. 상관없으니 나다녀요"라는 둥 아침 식사를 간단하게 마치고 곧바로 일어서서 가당치도 않은 말을 그럴싸한 표정으로 떠벌리면서 부랴부랴 하오리를 걸치고

---

* 스이징(粋人): 이 말은 예술이나 문화적 소양이 있는 우아한 취미를 가진 풍류객을 일컫는데 이 작품에서는 그것을 비아냥거리거나 풍자하기에 주인공의 행동이나 인품을 반영함과 동시에 풍류객의 의미도 조금은 함유한 '한량'으로 번역했다.

** 陰陽: 우주 만물은 음과 양으로 나뉘며, 두 요소의 상호작용에 따라 생성되고 소멸하며 변화한다는 철학.

칼을 찬다. 오늘은 마침내 섣달그믐날,* 빚더미 위에 앉은 우리 집에서 한시라도 빨리 도망치는 것이 상책이다. 집에 단돈 한푼마저 소중한 날인데도 손궤의 바닥을 박박 긁어서 이치부킨** 두세 개와 콩알만 한 은전 30개쯤 지갑에 담아 품속에 쑤셔 넣고는

"돈은 조금 남겨두었네. 여기서 당신의 정월 용돈을 빼내고 나머지는 빚쟁이들에게 조금씩 던져주게. 그러다가 바닥나면 잠들어 버리게. 빚쟁이 얼굴이 보이지 않도록 맞은편을 보고 누우면 조금은 맘이 편할 거야. 세상에는 인내라는 것이 있어. 오늘 하루를 참는 거야. 벽 쪽을 보고 누워서 죽은 척이라도 하고 있게. 세상은 온묘, 온묘"라는 말을 내던지고는 총총걸음으로 집을 나섰다.

집을 나서자 갑자기 근엄한 표정을 지으며 옷매무새를 갖추고는 거드름을 피우며 천천히 걷는데 마치 갑부인 큰어른이 아랫사람들의 경제 상황이나 세상의 변화 등을 둘러보기나 하려는 듯 여유 있는 모습이다. 하지만 내심으로는 텐진님이나 관음보살님, 나무하치만대보살님, 후도묘오 마리시텐, 벤텐 다이고쿠, 니오까지 닥치는 대로 모든 신불의 이름을 들먹이며 가련한 오늘의 고통에서 벗어나게 해주십시오, 도와주십시오 하고 염원하는데 눈앞이 캄캄하고 전신에 소름이 돋고 등짝에는 식은

---

* 이날은 한 해 동안 쌓인 물리적 더러움이나 마음의 앙금은 물론 부채까지도 깨끗이 청산하는 풍습이 있다. 해당 연도의 모든 것을 정리하여 준비에 만전을 기해 새해의 조상신을 맞이하려는 자세이다. 그래서 눈코 뜰 새 없이 바쁘다.

** 一步金: 에도시대에 발행된 금화로 당시 화폐 단위인 량의 4분의 1 가치. 요즘 돈으로 3만 원 정도 된다.

땀이 흐르고 세상에 몸을 둘 만한 곳도 없으니 이런 절체절명의 고통에 허우적거리는 빚쟁이가 피신할 만한 곳은 딱 한 군데 술집이다. 하지만 이 사내, 여기저기 술집에 외상을 많이 졌다. 외상을 진 집 앞은 몸을 비스듬히 틀어서는 게걸음으로 걸어 빠져나가고 아직 한 번도 들른 적이 없는 구질구질한 술집의 부엌으로 불쑥 들어가서는

"할멈 있는가?"라며 통 크게 나왔다. 원래 이 남자의 인상이나 외관은 나쁘지 않다. 외모가 준수한 남자일수록 빚을 많이 지는 법이다. 느긋하게 부엌으로 들어가서는

"허, 여기는 아직 그믐날 청산도 마무리되지 않은 것 같군. 있군, 있네그려 장부가. 여기 흩어져 있는 장부. 합쳐서 3, 40량 쯤일까? 세상은 천태만상이군. 모두 합해야 3, 40량의 빚을 해결하지 못하고 섣달그믐을 맞이하는 집도 있는가 하면 또 우리처럼 옷집의 외상으로만 100량, 돈은 아깝지 않지만 부인의 그런 의상에 대한 사치는 여러 심복 앞에서 본보기가 될 만한 일도 아니고 앞으로는 조금 자제해 주지 않으면 안 될 듯하오 하며 본때를 보여주려고 친정으로 보낼까도 생각하는 사이에 공교롭게도 임신하고 게다가 오늘 이 섣달그믐의 황망한 가운데에서 출산 기미가 보여 아침 댓바람부터 온 집안이 야단법석이네그려. 태어나기도 전에 유모를 데리고 오는 둥, 산파 할멈을 서너 명이나 모으는 둥 어이가 없구먼. 원래 부잣집에서 아내를 맞이한 게 내 잘못이지. 아내의 친정에서 오늘은 많은 사람이 문안하러 몰려드는데 노련한 수행자에, 기도하는 사람에, 산파를 서너 명이나 불러오고 그것도 모자라 의사를 데리고 와

서 옆방에 대기시켜 놓는가 하면 이쪽은 무슨 빨리 순산케 하는 약인가 뭔가 냄비에서 부글부글 끓이고 있네. 순산을 위한 주술에 필요하다며 자패,* 해마,** 송이버섯 밑뿌리***인지 뭔지 정체도 알 수 없는 것들을 사방팔방 수소문하여 심부름꾼을 보내 가져오게 하거나 하니 부자들의 지나친 호들갑엔 정나미가 떨어졌소. 남편은 이럴 때 집을 비우는 법이라는 말을 듣고 이게 웬 떡이냐며 꽁지가 빠지게 뛰쳐나왔네그려. 이래서야 원, 마치 빚쟁이에게 쫓겨서 도망쳐온 듯한 꼴이구려. 오늘은 섣달 그믐이니 그런 사내도 있겠소만. 가련하기도 하지. 도대체 어떤 기분일까. 술을 마셔도 취하지 않겠소그려. 아니 뭐 사람은 천태만상이니 허허허허”라고 무기력한 웃음소리를 내며 “그런데 오늘 어떻소? 말하기도 촌스럽소만. 물론 섣달그믐날이니 현금 낼 테니 아이가 태어날 때까지 여기에서 하루 놀게 해주지 않겠소? 가끔은 이런 콧구멍만 한 집에서 은밀히 노닥거리는 것도 나쁘지 않지. 어라, 정월의 도미를 샀구먼. 콩알만 하군. 집이 좁다고 주눅이 들 것까지는 없소. 뭐니 뭐니 해도 행운을 비는 물건이니. 좀 더 큰 것을 샀다면 어땠을까?”라고 가볍게 말하며 이치부킨을 하나 할멈의 치마 위에 던져주었다. 할멈은 아까부터 싱긋싱긋 웃으며 이 사내의 이야기에 맞장구를 치고 있었는데 마음속으로 생각하기를 그런데 덜떨어진 사내이다. 그런 해괴한 거짓말을 잘도 지껄이는군. 손님의 허풍을 진실로 받아들

* 　子安貝: 꽉 쥐고 힘을 주면 아기를 순산한다는 조개.
** 　海馬: 출산 시 안산을 빌며 왼손에 쥐었다.
*** 된장국에 넣어서 마시면 산후의 통증을 줄여주는 효과가 있다고 전해진다.

174

였다면 우리 장사가 가당키나 했겠어? 술에 곤드레만드레가 된 어른이 일부러 부엌으로 들어와서는 우리를 당황케 해서 기뻐하던 적도 없었던 것은 아니지만 눈매가 달라요. 조금 전에 부엌을 들여다보던 당신의 눈매는 영락없이 죄인의 눈매였지. 빚쟁이에게 쫓겨온 게지. 매년 섣달그믐이 되면 이런 진상이 두세 놈은 있었거든. 세상에는 닮은 것이 많아. 비단벌레 날개 빛의 하오리와 칼집이 하얀 칼. 내막을 모르는 사람이 보면 훌륭한 분이라고 생각할지도 모르겠지만 이 할멈의 눈에는 안 통하는 잔머리지, 암. 대개는 열다섯 살쯤 연상의 나이 든 마누라를 얼마간의 지참금을 노리고 받아들여 곧바로 그 돈도 바닥나고 피둥피둥 찐 백발 머리의 마누라가 죽치고 앉아서 콧잔등이에 땀을 흘리면서 밥상이나 술자리의 상대가 되어주는 것도 끔찍하고 돈벌이도 내키지 않아 물건을 저당 잡히는가 하면 민망하게도 어미에게는 검은 쌀 절구를 찧게 하고 동생에게는 낫토를 팔러 가게 하고는 팔다 남은 시어 터진 조림 두부는 일가의 반찬이라. 그것도 어미인 할멈이 너무 많이 먹는다고 부부가 함께 노려보는 거지. 그래도 출산 이야기는 용케도 머리를 굴렸군. 산파가 네 명이나 몰려들고 의사는 옆방에서 조산 약이라. 잘도 지어냈어. 피차 그런 신분이 되고 싶은 거겠지. 한심한 놈. 그래도 돈은 얼마간 갖고 있을 테고 현금 지불이라면 이쪽은 손님 접대 술장사, 뭐 느긋하게 놀다 가세요. 어쨌든 이 이치부킨은 받아두겠소. 가짜는 아닐 것 같군.

"오호 기뻐라" 하며 할멈은 넘치는 애교를 보이면서 이치부킨을 받고는 "도미 따위는 사지 않고 이 돈은 남편 몰래 두었다가 내 기모노 오비라도 살랍니다. 흐흐흐, 올해 연말에는 복을 앗아가는 쪽박 신일 거라고 각오하고 있었는데 이처럼 대박 신께서 굴러들어 오니 이것으로 올해도 틀림없이 행복할 거구먼요. 감사해요. 영감님, 자 들어오슈.

딱 질색이구먼요. 이런 더러운 부엌 따위에 앉아 계시면. 어쩜 그리 멋져요. 너무나도 황송해서 식은땀이 흐르지 않습니까? 뭐니 뭐니 해도 인품이 문제지요. 정말로 부잣집 영감님들만 부엌 입구를 좋아하셔서 난처하네요. 가난한 가족의 부엌이 상당히 이채롭게 보이긴 하겠소만. 글쎄, 멋에도 정도가 있어요. 자, 안으로 들어오슈." 세상에 무서운 존재는 술집 할멈의 아첨 말이다.

영감은 일부러 수줍음 타듯 머리를 긁적이더니 아니, 할멈에게는 당해낼 수 없어 하며 조심스럽게 객실로 올라와서는

"어쨌든 식사는 내가 취향이 분명한 남자이니 그 점에는 유념하길 부탁하네"라며 같잖은 말을 했다. 노파는 급기야 내심 기가 막혀서 음식의 맛을 알기나 하는 표정인가? 빚이 많아 옴짝달싹 못 한 채 땅이 꺼지도록 한숨을 쉬고 코마저 골 힘조차 없는 한심한 표정을 하고 있는 주제에 음식이 까다롭다니 소도 웃을 일이야. 죽 반 그릇조차 목구멍으로 넘어가지 못할걸. 요리라니 부질없는 짓거리야 하며 마침 있는 달걀 두 개를 구리 주전자에 던져넣어 가장 품이 안 드는 요리인 삶은 달걀로 만들고는 소금을 뿌려 술과 함께 내오자 사내가 이상한 표정을 지으며

"이건 달걀이오?"

"호오, 입에 맞나요? 어떻소?"라고 노파는 얼굴빛 하나 변하

지 않고 말한다.

사내는 역시 손을 대지 못하고 팔짱을 낀 채 떨떠름한 표정으로

"이 근처에 달걀 농장이 있는가? 뭔가 사연이 있다면 듣고 싶군."

노파는 웃음이 나오는 것을 꾹 참고

"아니요, 달걀에 무슨 사연이라뇨? 이것은 출산과 인연이 있을까 생각되어 이 할멈의 뜻을 담았구먼요. 그리고 또 맛있는 요리가 질린 영감님은 자주 삶은 달걀 따위를 술안주로 잡수시기에. 호호호."

"그랬군. 알았네. 아니, 좋아. 달걀 모습은 언제 보아도 좋지. 차라리 여기에 눈코를 그려주겠소?"라며 심히 썰렁한 농담을 날렸다. 노파는 상황을 알아차리고는 퇴기 한 명을 불러서 저 인간은 형편없는 빙충이 손님이지만 아직 돈은 얼마간 있는 것 같으니, 섣달그믐에 조금이나마 뜯어낼 수 있을 거야. 열심히 추어주어야 해 하며 소곤소곤 상황을 귀띔해 주며 못생긴 게이샤를 객실로 들이밀었다. 사내는 상황도 모르고

"잘도 미녀가 들어오셨군"* 하며 들떠서 달걀껍데기를 까서 먹고는 입가에 노른자위를 묻힌 채 어쩌면 오늘은 홀딱 반할지도 모르겠군 하며 제 집의 경제적 위험도 잠시 잊은 채 술을 한 잔, 두 잔 마시는 사이에 어디선가 이 게이샤를 본 적이 있는 듯한 느낌이 들었다. 아둔하지만 여자에 대한 기억력은 억세게 좋은 사내였다. 여자는 섣달그믐의 모든 외상값을 어림계산하면서도 겉으

---

* 좀 전에 부탁했던 계란에 눈코가 들어섰다는 표현인데 이것이 미녀라는 뜻도 되어 익살로 표현한 것이다.

로는 봄날처럼 단지 마구 웃어대며 손님에게 술을 권하고

"아, 넌더리 난다. 또 한 살 먹네. 지난 정월에 열아홉 살 봄이라고 손님에게 놀림을 당해도 하네츠키*를 쳐도 즐겁고 뭔가 좋은 일은 없을까 생각하고 들떠서 지냈는데 말이에요. 하룻밤 새면 이제 스무 살 아녜요? 스무 살이라니. 짜증 나요. 즐거운 것은 10대까지만이야. 이런 화려한 후리소데**는 이제 내년부터는 어울리지 않겠지요. 아, 짜증 나"라고 오비를 두드리며 몸부림쳐 보였다.

"생각났네. 그 오비를 두드리는 손놀림으로 알아냈어."

사내는 아주 강한 기억력을 발휘했다.

"지금부터 딱 20년 전 당신은 하나야의 연회에서 내 앞에 앉아서는 방금 했던 이야기와 똑같이 말하고 똑같은 손놀림으로 오비를 두드렸는데 그때도 분명히 열아홉 살이라 했지. 그리고 20년이 지났으니 당신은 올해 서른아홉 살이야. 10대고 나발이고 말도 안 되지. 내년이면 40대야. 마흔 살까지 후리소데를 입었으니, 이제는 후리소데에 미련이고 뭐고 없을 거야. 몸집이 작으니 젊게 보일 테지만 방금 말한 열아홉 살은 해도 해도 너무한 거 아닌가?"라고 풍류객이 자신도 모르게 촌스럽게 고성을 질러가며 공격해 대자 여자는 아무 말도 하지 않고 눈을 내리깔며 합장했다.

"나는 부처님도 아니야. 재수 없어. 빌지 말게. 기분 잡쳐. 술

<hr>

* 羽根: 무환자나무로 만든 작은 나무판 위에 새 깃털을 달아서 그것으로 배드민턴처럼 치는 놀이. 이것으로 새해의 악을 물리치고 아이의 건강과 성장을 기원했다.

** 振袖: 미혼여성이 입는 격식이 높은 기모노. 소매가 긴 것이 특징이다.

이나 마시자고"라며 손뼉을 쳐서 노파를 부르니 노파는 재빨리 객석의 심상치 않은 위기를 알아채고 새삼스레 밝은 얼굴로 미소 지으며 객석으로 뛰어나와

"어머, 영감님 축하드려요. 아드님이 틀림없구먼요."

"뭐가?"라며 손님은 의아해하는 표정.

"너무 느긋하신 거 아닌가요? 댁의 출산 건은 잊으셨나요?"

"아, 그래? 낳았나?" 뭐가 뭔지 엉망이 되고 말았다.

"아녜요, 그건 잘 모르겠는데. 이 할망구가 다다미잔°으로 점을 쳐보니 말이에요. 세 번을 쳐봐도 똑같은 괘예요. 틀림없이 아드님이에요. 내 점은 잘 들어맞지요. 영감님 축하드려요"라며 엎드려 절을 했다.

손님은 황홀한 듯한 표정을 지으며

"아니, 아니 그렇게 새삼 축하를 받으면 황송하지. 자, 이건 축하금이야"라며 또다시 지갑에서 이치부킨을 꺼내 노파의 무릎 아래로 던졌다. 너무나 부아가 치밀어오른다.

노파는 이치부킨을 머리 위로 공손하게 받고는

"에구머니, 어찌 된 일일까요? 세모부터 이런 기쁜 일만 생기니. 생각해 보니 오늘 새벽꿈에 천 마리 학이 하늘을 날며 바다의 파도를 가르고 만 마리 거북이 헤엄을 치고"라며 황홀한 듯이 눈을 치켜뜨고 이야기를 시작하면서 돈을 오비 사이에 찔러 넣고

"저, 정말이구먼요. 영감님, 잠에서 깨고 나서 정말로 이상하

* **畳算**: 유곽에서 기녀들이 다다미 위에 비녀 등을 던져 떨어진 곳에서 다다미테까지 엮어넣은 코가 짝수면 기다리는 사람이 오고 홀수면 안 온다는 길흉의 점치기.

지만 고마운 꿈이네 하고 너무나 궁금해하던 차에 갑자기 영감님이 출산이 끝날 때까지 머물게 해달라며 부엌으로 들어오셨잖아요? 꿈은 역시 들어맞아요. 이것도 평시의 후도묘오*를 믿는 신앙심 덕분일까요? 오호호호"라며 여기가 운명을 가르는 지점이기라도 한 듯 필사적인 아첨.

지나치다면 지나친 불쾌하고 뻔한 거짓말 탓에 손님은 편치 않은 기분으로

"알았네, 알았어. 축하할 일이야. 그런데 뭔가 먹을 것 없나?" 하고 씁쓰름한 표정을 지으며 말을 내뱉는다.

"에구머니, 나 좀 보게"라며 할멈은 과장된 몸놀림으로 놀라더니

"어떨까 하고 걱정하고 있었는데 달걀은 마음에 드셨는지. 몽땅 드셨구먼. 세련된 분은 이래서 마음에 든다니까. 음식에 까탈스러운 영감님께는 이런 음식이 상당히 낯설게 느껴질 거예요. 자, 그럼 다음에는 뭘 드릴까? 청어알**은 어떠슈?" 이것도 품이 덜 들어서 좋아.

"청어알 말인가?" 손님이 비통한 표정을 지었다.

"그래요. 왜냐하면 출산하시는 일이라면 청어알이에요. 그렇지 않아요? 츠보미 씨. 암. 복을 부르는 안주거리이고말고. 꽤 멋진 취향 아니에요? 영감님은 그런 술맛 돋우는 요리가 가장 맘에 드신다니"라는 말을 던지고 총총 사라진다.

<hr>

* お不動信心: 밀교 5대명왕의 중심적인 존재로 늠름한 모습과 자비심으로 많은 사람의 신앙의 대상이다.

** 数の子: 수많은 알이 자손 번영의 상징으로 상서로운 길조의 대상이다.

영감은 마침내 험상궂은 표정을 지으며

"지금 저 할멈이 츠보미 씨라고 했는데 당신 이름이 츠보미인가?"

"네, 그래요." 여자는 될 대로 되라는 심정으로 뾰로통해서 대답한다.

"그 꽃봉오리라는 츠보미, 그 츠보미인가?"

"끈질기네. 몇 번 말해봤자 똑같지 않아? 당신도 머리카락이 별로 없는 주제에 무슨 말을 하는 거야? 너무하는군. 너무해"라며 울먹이기 시작했다. 울면서 "당신, 돈 있어?"라고 노골적인 말을 무심코 내뱉었다.

손님은 깜짝 놀라

"조금은 있네.""저에게 주세요." 매력이라고는 눈씻고 찾아봐도 없다.

"살기 힘들어요. 정말로 올해 세모만큼 힘든 일은 없어. 큰딸년을 시집보내고 우선 안심하고 있자니 그게 말이에요. 1년이 될까 말까 한 사이에 거지꼴을 하고는 아기를 안고 4, 5일 전에 집으로 돌아왔네요. 남편이 수건을 들고 목욕탕으로 나간 뒤 그 길로 다른 여편네 집으로 가버렸다고 울먹이면서 말하는데 말도 안 되는 이야기 아니에요? 딸년도 멍청하지만 사위 놈도 너무하지 않아요? 집안이 괜찮다는 등 넙데데한 얼굴로 하이카이°인지 뭔지 잘한다길래 나는 처음부터 마음이 내키지 않았건만 딸년이 푹 빠지는 바람에 어쩔 수 없이 혼인시켰더니 목욕

● 俳諧: 에도시대에 유행한 노래 장단 주고받기인 연가(連歌)에 골계를 가미한 노래.

간다며 나가서 돌아오지 않는다는 것은 너무나도 딸에게 잔인해요. 웃을 일이 아니에요. 딸년은 어린것을 안고 어떻게 살아가야 한단 말인가요?”

“그렇다면 당신에게 손자도 생긴 셈이군.”

“그래요”라고 미소도 짓지 않은 채 잘라 말하며 휙 하고 들어올린 얼굴은 참혹했다.

“바보 취급하지 말아 주세요. 저도 인간이에요. 자식이 있는데다 손자도 있어요. 이상할 게 아무것도 없잖아요? 돈 좀 주세요. 당신은 어마어마한 부자라 하지 않았나요?”라며 뺨을 일그러뜨리면서 묘하게 미소 지었다. 풍류객에게는 그 미소가 통했다.

“아냐, 그렇지도 않지만 약간이라면 있어” 하며 당혹스러운 기분으로 지갑에서 마지막 이치부킨을 던져주고 아, 지금쯤은 우리 마누라 빚쟁이에게 등을 돌리고 누워서 죽은 척하고 있겠지. 이 이치부킨 한 개라도 있으면 적어도 빚쟁이 서너 명의 웃는 얼굴을 볼 수 있을 터인데. 생각하니 한심한 짓을 저질렀군 하며 후회와 공포와 초조로 가슴이 울렁거리는 바람에 죽을 맛이 되어서는

“아, 경사스럽다. 할멈의 점이 남자아이라니 기쁘군. 상당히 능력 있는 할멈 아닌가?”

라며 쉰 목소리로 말해 보았지만 츠보미는 코웃음을 치며

“술이라도 맘껏 마시며 즐겨볼까요?”라며 모든 일을 눈치채고 술병을 가지러 일어섰다.

손님은 홀로 남겨져 암담하고 우울해서 하는 수 없이 자신도 모르게 고통에 배가 아프다가 방귀나 나오고 그것도 따분하다

는 생각에서 일어나 장지문을 열어젖히고 냄새를 내보내며

"당신도 나도 힘내자고"라며 어울리지도 않는 고우타＊를 흥얼거려 봤지만 좀처럼 흥겨운 기분은 아니었다. 이윽고 서른아홉 살인 츠보미를 상대로 벌컥벌컥 찻잔에 술을 마셔도 다만 두 사람은 정신이 말똥해질 뿐으로 얼굴을 마주 보고는 한숨을 쉬며

"아직 날이 저물지 않았나?"

"농담이죠? 아직도 대낮이에요."

"참으로 해가 길군."

지옥의 한나절은 용궁의 백 년, 천 년. 삶은 달걀의 트림만 나오는 바람에 슬픔은 끝이 없고

"자네는 이제 돌아가게. 나는 지금부터 한잠 자려 하니. 잠을 깼을 때는 출산도 이미 끝나 있겠지"라며 이제는 거짓말에 스스로가 쓴웃음을 짓고는 벌렁 누워서

"정말 이제는 돌아가 주게. 그 상판을 두 번 다시 보여주지 말게"라며 맥없는 목소리로 탄원했다.

"네, 갈게요"라고 츠보미는 차분하게 손님 쟁반 위의 청어알을 두세 움큼 입안에 털어 넣고 "온 김에 여기서 점심을 대접할게요"라고 말했다.

손님은 눈을 감아도 잠은 오지 않고 자기 몸이 커다란 소용돌이 바닥 쪽으로 휘말려 들어가는 느낌으로 심하게 몸을 뒤척이며 나무아미타불이라면서 자신도 모르게 염불이 나왔을 때 복도에서 거친 발소리가 들리며

"허, 여기에 있었군" 하면서 점원인 듯한 몸차림을 한 젊은이 두 명이 방으로 뛰어 들어와서는 "영감님, 너무하는 거 아니에요? 이 근처 확실하게 짚이는 곳을 한집 한집 샅샅이 뒤지느라 정말 죽는 줄 알았어요. 없는 것을 받으려고도 하지 않는데 이렇게 느긋하게 놀 수 있을 정도의 돈이 있다면 조금은 우리에게도 갚아주어야 하지 않겠어요? 그러니까 올해의 외상값은"이라고 외상장부를 들이대며 누워 있는 사람을 깨워서 겁박하듯 작은 소리로 담판을 벌인 다음 지갑의 은전을 있는 대로 털고 거기에 금녹색 하오리에 흰 손잡이가 달린 칼, 입은 옷까지 벗겨서는 보자기에 싼 다음 그 젊은이 둘은

"다음 계산은 정월 닷새까지입니다"라는 말을 뱉고 바쁜 듯이 총총 사라졌다.

풍류객은 속내의 한 벌의 기묘한 차림으로 기분이 더럽다는 듯 쓴웃음을 지으며

"아무래도 말이야. 친구가 울고불고 난리 치는 바람에 도장을 찍어주었는데 그 친구가 파산인가 했다더군. 여기까지 말도 안 되는 민폐. 돈은 빌려주더라도 도장은 찍지 말라는 말은 바로 이런 것을 두고 하는 말이라고. 좌우지간 섣달그믐에는 생각지도 않은 일이 벌어지고 말지. 이 꼴로는 밖에 나갈 수도 없군. 어두워질 때까지 여기서 한잠 자게 해주시오" 하니 이것은 또 하나의 처참한 죽은 척하는 잠자기이다. 온묘, 온묘라고 읊조리며 자기 집 마누라와 똑같이 죽은 척하는 모습이 되었다.

부엌에서는 할멈과 츠보미가

"얼간이란 아직 조금은 가망이 있는 사람을 가리킨다"라고

수군거리며 큰 소리로 키득거린다. 암튼 옛날 나니와˚ 근처에 이
와 같은 풍류객과 무서운 술집이 많았다는 것은 그 옛날에는
나니와의 풍류객이었던 노인의 술회.(『세상 속셈(世間胸算用)』 권
2-2,「거짓말도 공짜로는 듣지 않는 술집」)

____

˚ 浪花: 오사카 주변의 옛 지명.

의리

義理

의리

　의리를 위해서 죽는다는 것, 이것은 무사 가문의 관습인데 옛날 셋슈˚ 이타미에 간자키 시키부神崎式部라는 올곧은 무사가 있었다. 그는 이타미의 성주 아라키 무라시게荒木村重를 곁에서 오래 보좌하며 주군 가문을 굳건한 기반 위에 올려놓았다. 주군의 둘째 아들인 무라마루村丸라는 젊은 도령은 큰아들인 시게마루가 한결같이 점잖고 온화한 성품인 것과 달리 도저히 다루기 어려운 골칫덩어리여서 시키부를 비롯한 모든 가신의 애를 먹였다. 성주인 아라키가 품위 있는 큰아들보다 오히려 이 난폭한 둘째 아들을 편애하며 분수를 모르고 날뛰는 태도를 웃어넘기면서 들어주었으므로 둘째 아들의 못된 버릇은 점점 늘어만 가고 급기야는 어느 날, 에조˚˚가 어떤 지방이냐며 그곳 풍경을 한번 보고 싶다고 당치도 않은 말을 꺼내는 바람에 가

˚　오사카와 효고현 일부.

˚˚　홋카이도.

신들이 달래자 그는 더욱더 기고만장하여 생떼를 쓰며 '에조를 구경하기 전에는 밥을 먹지 않겠다'며 밥상을 차버리는 사태까지 일어났다. 전부터 무라마루를 감싸온 성주 아라키는 이번에도 미소를 지으며 "좋아, 에조 유람도 좋을 거야. 다녀오려무나. 젊은 시절의 긴 여행은 평생의 약이다"라며 아무렇지도 않은 듯 그 생떼를 받아주었다. 동행할 사람은 간자키 시키부를 비롯하여 가신들 가운데 선발한 무사가 서른 명이었다.

동행 가운데 두 소년이 둘째 아들의 말 상대로 추가 선발되었다. 한 사람은 열다섯 살인 간자키 가츠타로神崎勝太郎인데 시키부가 애지중지 사랑하는 외동아들로 생김새가 수려한데다 행동거지도 착하기 그지없어 아버지의 명성에 부끄럽지 않은 빼어난 무사이다. 또 한 사람은 시키부의 동료 가신 모리오카 당고森岡丹後의 세 아들 가운데 막내인 단자부로丹三郎로 열여섯 살이다. 그는 가츠타로에 비하면 모든 것이 뒤떨어지고 얼굴은 희지만 눈꼬리는 처지고 입술은 두꺼운 데다가 새빨개서 저팔계와 판박이인 주제에 꽤 멋을 부리고 이마의 여드름을 신경 쓰며 매일 아침 가벼운 돌로 문질러 대는 바람에 이마가 보랏빛으로 기이하게 번들거린다. 비만한 몸은 뒤뚱거리고 일거수일투족이 굼뜬 데다가 무예는 싫어하며 이성에는 관심이 많고 늦잠 자는 습관에 정좌를 풀고 삐딱하게 앉아 무엇을 생각하는지 때때로 히죽거리는 바람에 불쾌하기 짝이 없는 아이였다. 하지만 이 아이는 무슨 연유인지 젊은 도령 무라마루의 마음에 들어 '문어야, 문어야'라 불리며 항상 곁에서 모시면서는 말도 안 되는 지식이나 방법을 조언하며 젊은 도령과 천박하게 낄낄거린다. 원래 시키부는 이 단자부로를 달갑지 않게 여겼다. 그래서 에조 여행에 이 아이를 함께 끼워 넣고 싶어 하지 않았지만, 자신의 외아들 가츠타로가 성주의 분부로 함께 가게 되었으니 동료인 모리오카 당고의 자제를 매몰차게 뺄 수도 없었다. 동료에 대한 의리이다. 당고도 아버지로서 욕심에 눈먼 탓인지 막내인 단자부로가 그다지 뒤떨어지는 아이라고는 생각하지 않은 듯

"간자키 씨, 이번에는 운이 없어서 저는 성을 지키는 신세가 되었지만 저 대신에 막내인 단자부로가 운 좋게 마지막으로 합류하게 되었으니 좌우지간 여행지에서 듣고 겪은 재미있는 이야기라도 기대하면서 기다리고 있겠습니다. 그렇다고는 해도 제 자식놈도 첫 여행이고 몸집만 컸을 뿐 아직 어린아이에 불과하니 잘 부탁드리겠습니다"라고 부모는 진정으로 다다미 위에 엎드려 절을 하는 것이었다. 아니. 그 아이는 아무래도……라고는 말할 수 없다. 게다가 젊은 도령으로부터 문어도 꼭 데려가야 한다는 암암리의 분부도 있었으므로 도저히 문어를 동행자에 추가하지 않을 수 없었다. 마지못해 단자부로를 데리고 성을 떠났는데 교토를 지나 동쪽 길로 접어들어 구사츠 숙소에 도착했을 때는 마침내 단자부로가 모든 일행에게 방해가 되고 있었다. 그는 우선 엄청난 잠꾸러기다. 젊은 도령과 둘이 밤 늦게까지 여관의 여직원을 희롱하며 도박이나 여우권*이라든가 주사위** 던지기라든가 하는 놀이에 푹 빠져 저속하게 소리

를 죽여가며 킬킬거리자 시키부는 역시 보고만 있을 수 없어서

"내일 아침에 일찍 출발하니 이제는 주무시지요"라고 옆방에서 벼르고 별러서 강하게 고언을 드려도 젊은 도령이 태연하게

"유람차 나온 여행이야. 아무렴 어때? 안 그래? 문어 놈아"라고 하자 문어는 "예"라고 대답하며 함께 이죽거리고 있다. 그리고 다음 날 문어는 젊은 도령보다 늦게 일어난다. 이 단자부로의 나 홀로 늦잠 때문에 일행의 여관 출발이 항상 지체된다. 젊은 도령은 느긋하게

"내버려둬. 나중에 따라오겠지"라며 문어를 여관에 홀로 남겨둔 채 서둘러 떠나려는데 간자키 시키부는 단자부로의 아버지 당고로부터 아들을 잘 부탁한다는 한마디를 들은 터다. 버려두고 갈 수는 없다. 자기 아들인 가츠타로에게 분부해서 단자부로를 깨웠다. 가츠타로는 단자부로보다 한 살 아래이다 보니 약간 조심스러운 말투로 단자부로를 깨웠다.

"저기요, 저기요. 출발하실 시간입니다."

"뭐라고? 장난 아니게 이르군."

"도련님도 이미 출발 준비를 마치셨습니다."

"도련님은 그 뒤로 푹 쉬셨으니까 말인데, 나는 그 뒤로 이 생각 저 생각에 좀처럼 잠을 이룰 수가 없었어. 게다가 네 아버지의 코골이가 심해서 말이야."

"죄송합니다."

"충성도 괴로운 거야. 나도 매일 밤 도련님의 놀이 상대를 하

<hr>

●● 주사위를 사용하여 말을 앞으로 전진시키는 놀이.

지 않을 수 없으니 기진맥진이라고.”

“알고 있습니다.”

“음. 도저히 견딜 수 없단 말이야. 가끔은 네가 대신해 줘도 좋으련만.”

“예. 상대를 해드리고 싶지만 저는 여우권 같은 것을 할 줄 몰라서.”

“너희는 촌스러우니 말이야. 굳센 것만이 충의는 아니야. 여우권 정도는 배워 둬.”

“예”라고 겸연쩍게 미소 지으며

“그래도 이미 모든 분이 출발하시니까.”

“뭐가 그래도란 말이야? 너희는 나를 바보 취급하고 있어. 엊저녁도 그 일을 생각하니 분해서 잠을 못 잤단 말이야. 나도 아버지와 함께 왔으면 좋았을 텐데. 아버지와 떨어져 여행을 나서면 얼마나 모두의 눈치를 봐야 하는지 너는 모를 거야. 나는 집을 나서면서부터 지금까지 주눅만 들었어. 인간이란 매정한 존재야. 아버지의 눈길이 미치지 않는 곳에서는 온갖 일에 그 아들을 잔혹하게 다루니까 말이야. 아냐, 너희 이야기하는 게 아니야. 너희 부자는 훌륭해. 너무 훌륭해서 과분하지. 이번에 에조 여행이 끝나면 나는 너희 부자가 한 일을 낱낱이 나리와 아버지에게 고할 작정이야. 나는 뭐든지 알고 있어. 네 아버지는 너를 끔찍이 귀여워하지 않아? 숨기지 않아도 돼. 어젯밤 이 여관에 도착했을 때 네 아버지가 말이야. ‘가츠타로, 물집이 잡힌 발은 소주라도 뿌려 둬’라고 말하는 것을 나는 들었지. 내게는 그 말을 하지 않았어. 모두가 보고 있는 앞에서는 필요 이상으로 나에게 친절을 가장하지만 흥, 나는 분명히 알고 있어. 부자의 정은 정말로 숨길 수 없는 것이야. 소주라도 발라 두라니? 나중에 남은 소주를 둘이 사이좋게 마셨겠지? 어때? 내게는 한 방울도 마시게 하기는커녕 여우권까지 그만두게 하려고 수작을 하니 불쾌한 거야. 어젯밤에는 곰곰 생각했어. 미안하지만 조금 더 자야겠어."

간자키 시키부는 장지문 너머로 이 말을 듣고 있었다. 정말로 이대로 버려두고 떠날까 하고 생각했다. 실제로 그대로 버려두고 가는 편이 나을 뻔했다. 그렇게 했으면 나중에 이런저런 불상사가 일어나지 않았을지도 모른다. 하지만 시키부는 의리를 중시하는 무사이다. 아무쪼록 잘 부탁한다며 다다미에 엎드려 부탁하던 당고의 목소리와 모습을 잊을 수 없다. 시키부는 그날도 묵묵히 단자부로가 일어나기를 기다렸다.

단자부로의 못된 행실은 끝이 없었다. 구사츠, 미나구치, 츠치야마를 지나 스즈카재에 도달했을 때는 더 걸을 수 없다며 고래고래 소리를 질러댔다.

원래 말타기가 서툴렀는데 그렇다고 자신의 서투름이 다른 사람에게 들통나는 것도 분해서 무리하여 말을 타 보았지만, 도저히 엉덩이가 아파서 견딜 수 없게 되니 '역시 여행은 걷는 게 최고야. 어차피 머리 식히는 유람 아닌가. 말 위의 여행은 거추장스럽다'며 혼자만 걸으면 체면이 구겨지니 가츠타로에게도 말을 버리고 걷기를 권하고는 함께 젊은 도령의 가마 좌우로 따라붙어서 여기까지 호위해 왔는데 언덕에 다다르자 갑자기 이번에는 걷는 것도 촌스럽다고 떠벌리기 시작했다.

"이렇게 터벅터벅 걷고 있는 것도 촌스러운 이야기 아냐?" 문어는 가마를 타고 언덕을 넘고 싶었던 것이다.

"역시 말을 타는 편이 좋을까요?" 가츠타로는 어느 쪽이든 상관없었다.

"뭐, 말이라고?" 말이라면 넌더리가 난다. 말도 안 된다.

"말도 나쁘지는 않지만, 암튼 일장일단이 있다고 할까?" 애매하게 얼버무렸다.

"정말로"라며 가츠타로는 순진하게 받아들여 고개를 끄덕이며

"사람도 새처럼 하늘을 날 수 있다면 좋겠다고 생각할 때가 있죠."

"멍청한 소리를 하고 있군." 단자부로는 비웃으며

"하늘을 날 필요는 없지만." 가마를 타고 싶은 것이다. 하지만 그것을 솔직하게 터놓는 것은 과연 조금은 꺼려졌다.

"하늘을 날 필요는 없지만"이라고 또 반복해서 말하고

"자면서 걸을 수는 없는 건가?"라며 에둘러서 수수께끼를 냈다.

"그건 어렵겠네요." 가츠타로는 단자부로의 속내를 모르니 천진하게 대답한다.

"말 위라면 자면서 걷는 것도 가능할 텐데요."

"응, 그건." 그것은 위험하다. 문어에게는 말 위에서 조는 따위의 깜짝 능력은 없다. 잠들면 그것으로 끝장이다. 낙마이다.

"그것 또한 어설픈 짓이야. 잠이 깨서 여기는 어딘가라고 물어도 말은 대답해 주지 않을 테니까." 가마라면 가마꾼이 '예. 이제 곧 구와나입니다'라고 대답해 주겠지. 아, 가마를 타고 싶다.

"맞는 말씀입니다." 가츠타로에게는 문어의 수수께끼가 통하

지 않는다. 그저 웃기만 하고 있다.

단자부로는 씩씩거리며 곁눈으로 노려보고

"너도 매몰찬 사내야. 배려심이라는 게 없단 말이야"라며 격식을 차린 어투로 말했다.

"예?"라며 가츠타로는 어리둥절해하고 있다.

"보면 몰라? 나는 이미 걸을 수 없어. 나는 이렇게 뚱뚱하니까 살이 쓸려서 남모르는 고통을 겪으며 걷고 있단 말이야. 보면 알 수 있을 텐데"라며 급작스레 얼굴을 고통으로 찡그린 채 한쪽 발을 질질 끌며 걷기 시작했다.

"어깨를 내어드리렴." 그때 가마 뒤에서 수행하던 간자키 시키부가 쓴웃음을 지으며 가츠타로에게 분부를 내렸다.

"예"라며 가츠타로가 단자부로의 곁으로 달려가서 오른손을 잡으니 문어는 화를 내며

"닥치게. 이래 봬도 모리오카 당고의 아들이다. 너 같은 애송이 놈의 어깨에 매달려서 고개를 넘었다는 소문이라도 고향에 퍼지면 아버지나 형들의 면목이 엉망이 되지 않겠어? 너희 부자는 작당해서 모리오카 가문을 우롱할 생각이겠지?"라며 자포자기하듯 버럭 고함을 질러댔다.

간자키 부자는 얼굴이 창백해졌다.

"시키부"라며 가마 안에서 젊은 도령이 부르고는

"문어에게도 가마를 줘"라며 문어의 속셈을 꿰차고 있음을 보여주었다.

"예. 곧 시행하겠습니다." 시키부가 엎드렸다. 문어는 의기양양했다.

그러고서 세키, 가메야마, 욧카이치, 구와나, 미야, 오카자키, 아카사카, 고유, 요시다에 이르기까지 문어는 거드름을 피우고 가마에 흔들리며 여행을 계속했다. 여관에 도착하면 여전히 밤 늦게 자고 아침에는 늦잠을 잔다. 이 단자부로 한 사람 때문에 고향을 출발했을 때의 예정보다 10일 가까이 늦어지는 바람에 4월 말이 되어서야 겨우 오늘의 숙소인 스루가 지방 시마다 여관에 머물고는 서둘러서 가케가와를 떠난다. 사요의 나카야마에 도달했을 무렵부터 억수같이 비가 쏟아져 도중에 기쿠강도 범람하고 흙탕물이 다리를 흔들어대며 길로 넘쳐나는 데다가 바람마저 불어닥쳐 소나무를 스치는 소리가 어마어마하다. 일행이 걸친 소데 갑파*의 소맷자락을 흩날려 산산조각 내버릴 듯한 기세여서 땅바닥을 기듯 천신만고 끝에 가나야의 숙소에 도착한다. 그곳에서 인원수를 점검하고는 모두가 무사함을 기뻐한다. 이제부터 위험하기로 둘째가라면 서러울 오이강을 건너서 시마다 여관에 도달하지 않으면 안 되지만 시키부는 오이강의 둑에 서서 강의 모습을 살펴보고는

"물이 시시각각 불어나고 있으니 오늘은 이 가나야 여관에서 하룻밤 잔다"라며 동행한 사람들에게 분부를 내렸다. 하지만 막무가내인 젊은 도령에게는 시키부의 신중한 조치가 마음에 들지 않았다. 그는 강을 바라보고 냉소하더니

"허, 이게 그 유명한 오이강이야? 요도강의 반도 안 되잖아? 우리 동네의 이나강이나 무코강보다도 작지 않아? 안 그래? 문

---

*　袖合羽: 비옷이나 방한용으로 사용되는 소매 달린 덧옷.

어야. 이따위 강을 건널 수 없다니 시키부도 늙어빠진 것 같군."

"그렇고말고요"라고 문어는 간자키 부자를 곁눈질로 살피더니 비웃으며

"우리는 동네의 이나강을 어렸을 적부터 매일 같이 말 타고 건너느라 익숙해서 이런 작은 냇물이 좀 불었다고 해도 무섭다고는 생각하지 않아요. 그러나 날 때부터 물만 보면 발작이 일어난다니 아무리 말타기나 활쏘기에 달인이라 한들 이 물 앞에서는 무서워서 벌벌 떠는 이상한 병이 있는 데다 그것도 부자대대로 유전되는 것이라니 말이에요."

젊은 도령은 웃으며

"기묘한 병도 다 있군. 설마 시키부는 그 수전병水癲癇인지 뭔지 하는 병도 아닐 테지만 어때? 문어야, 우리 둘만 먼저 이 흙탕물로 말을 달려 저 우지강 선발대 사사키佐々木와 가지와라梶原•처럼 서로 경쟁하여 함께 건너편 강둑으로 건너가는 시범을 보인다면 겁쟁이 시키부를 비롯해 수행하는 놈들은 어쩔 수 없이 뒤따라오겠지? 암튼 오늘 중으로 이 오이강을 건너서 시마다 여관에 도착하지 않으면 서쪽 지방 무사의 명예가 구겨지고 말지. 문어야. 계속해"라며 기세 당당하게 말에 올라타서는 흙탕물로 뛰어들려 하므로 시키부도 거센 장대 빗속에서 비 긋는 거적과 갓을 벗어 팽개친 채 젊은 도령의 말고삐를 부여잡고

"가지 마세요. 안 됩니다. 제가 전부터 들은 바로는 오이강의

<hr>

• 일본 헤이안시대(794~1185) 말기에 기소 요시나카와 전쟁을 벌이던 미나모토노 요시츠네 휘하의 두 장수인 사사키와 가지와라가 눈이 녹아 물이 불어난 우지강을 먼저 건너려고 경쟁했다는 이야기.

198

강바닥이 다른 강과 달리 울퉁불퉁하기 짝이 없고 그 여울이나 심연의 깊이 차이가 엄청나서 강을 건너는 전문 인부조차 발을 잘못 디뎌서 다치기 일쑤라 합니다. 하물며 멀리서 온 우리가 산을 뽑을 정도의 용기가 있다고 한들 혈기만으로는 이 강을 건너기가 불가능합니다. 이 시키부는 오늘 하루 그 수전병인지 기이한 병인지 뭔지에 걸렸으니 제발 제 병을 불쌍히 여기셔서 강을 건너는 일만은 내일로 해주십시오"라고 눈물을 흘리며 간절히 원했다.

진짜 겁쟁이인 단자부로는 입으로는 그렇게 위대한 척 떠벌렸지만 문어야, 계속해!라고 젊은 도령에게 들었을 때는 현기증으로 울렁거려 어쩔 줄을 몰라 우물쭈물하고 있는데 시키부가 젊은 도령에게 간절히 의견을 올려주었으므로 가슴을 쓸어내며 창백한 얼굴에 기묘한 미소를 억지로 흘리더니

"쳇, 아쉽군"이라고 말했다.

그 말이 화근이 되고 말았다. 그 엉터리 푸념이 젊은 도령의 마음을 몹시 들쑤셔놓았다.

"문어 놈아, 시키부는 비겁해. 상관하지 말고 계속 가!"라고 시키부 경계가 느슨해진 틈을 타서 말에 채찍을 한 번 날리고는 무모하기 짝이 없이 텀벙하고 흙탕물에 기세 좋게 뛰어들었다. 시키부도 더는 피할 수 없는 상황이라 체념하고

"여봐라! 도련님을 따르라" 하며 수행하는 사람들에게 추상같은 명령을 내렸다.

모두가 강건하고 늠름한 동행 무사 열세 명이 서슴없이 차례차례로 말을 몰고 흙탕물로 뛰어들어 크게 울렁이는 파도를 헤

치며 젊은 도령의 뒤를 쫓았다.

이쪽 강둑에는 단자부로와 행렬의 뒤를 살피는 역할을 하는 간자키 부자가 남았다. 단자부로는 바들바들 떨면서 가츠타로의 손을 꽉 잡고

"도련님은 매정해. 인정이고 뭐고 없어. 나는 사실 말타기가 가장 서툴거든. 아무튼 엉망진창이야" 하며 울먹이는 목소리로 하소연했다.

시키부는 조용히 주변을 둘러보며 행렬이 빠뜨리고 간 것이 없음을 전부 확인하고 나서는 단자부로에게

"이것도 모두 당신의 말 때문에 비롯된 고통이오. 하지만 뭐 지금은 그 말을 해봤자 소용없어요. 당장 도련님의 뒤를 쫓아갑시다. 우리가 과연 살아서 건너편 강둑에 도착할 수 있을지 없을지, 이 대홍수에는 알 수 없어요. 하지만 고향을 나설 때 당신의 부친인 당고님에게서 단자부로는 아직 정말 어린애인 데다가 첫 여행이므로 잘 부탁한다는 말을 들었소. 그 한마디를 잊을 수 없기에 나는 오늘까지 참고 또 참으며 당신의 뒤를 돌보아왔소. 지금 이 흙탕물을 건너다가 당신에게 무슨 일이라도 생기면 오늘까지의 내 고생이 물거품이 될 거요. 당신을 위해서 말은 가장 튼실한 걸로 대기해 놓았소. 가츠타로를 앞세우고 물의 깊이를 살펴 가도록 할 테니 당신은 그저 말의 목을 꽉 잡고 가츠타로의 뒤를 따라가기만 하면 될 거요. 곧바로 뒤에서 내가 지켜보며 따라갈 테니 걱정하지 말고 큰 파도를 뒤집어쓰더라도 당황하지 말고 말의 목에서 손을 떼지 않도록 하고"라는 부드러운 말투를 접하고는 과연 멍텅구리도 인간적인 마음으로

돌아왔는지

"죄송합니다"라며 다짜고짜 울음을 터뜨리는 것이었다.

만사 부탁한다는 한마디, 바로 이런 일이로군 하며 아들 가츠타로를 앞세우고는 이어서 단자부로를 특별히 고르고 골라 둔 말에 태워 강을 건너게 하고 자신은 곧장 뒤에 바짝 붙어서 무섭게 휘도는 울돌목의 급류를 타고 천신만고 끝에 간신히 강둑 가까이 당도하여 안도할 무렵, 하필이면 단자부로가 위아래로 일렁이며 밀려오는 작은 물결을 뒤집어쓰는 바람에 말안장이 뒤집어지고 어어 하며 작은 소리를 남긴 채 멀리 떠내려가면서 떴다가는 가라앉기를 반복하다가 순식간에 행방을 알 수 없게 되고 말았다.

시키부가 아연실색하며 강둑에 도착하여 살펴보니 도령은 안전했고 또한 자기 아들도 별문제 없이 강둑의 도령 곁에서 시중을 들고 있다.

세상에 무가의 의리만큼 가련한 것은 없다. 시키부는 단단히 각오하고 가츠타로를 손짓으로 불러

"너에게 부탁이 있어."

가츠타로는 "예"라고 대답하고 맑은 눈으로 아버지의 얼굴을 올려다본다. 가문에서도 출중한 미소년이다.

"탁류 속으로 뛰어들어 자살해 주려무나. 단자부로는 내가 고생한 보람도 없이 위아래로 일렁이며 밀려오는 물결에 휩쓸리는 바람에 안장이 뒤집어지고 탁류에 삼켜져 죽고 말았다. 원래 저 단자부로는 너도 알다시피 그의 아버지 당고님의 부탁을 받아 의리로 맡아온 아들이다. 단자부로 혼자 익사하고 네

가 살아 있으면 당고님 앞에서 이 시키부 무사의 면목이 서지 않는다. 이 점을 헤아려 주려무나. 꾸물대지 말고 당장 뛰어들어 죽어라” 하며 근엄하게 잘라 말하니 가츠타로는 과연 무사의 아들이다. 예 하고 대답하고는 조금도 망설이지 않고 선 채로 강물로 뛰어들어 생을 마쳤다.

시키부는 고개를 숙인 채 눈물을 흘린다. 참으로 무가의 의리만큼 통탄할 만한 것도 없다. 고향을 떠나올 때 사람도 많은데 하필 나를 꼭 집어서 부탁한다는 그 한마디, 그대로 저버리기 어려워 모든 일에 뒤떨어지는 아이이지만 소중하게 돌보며 여기까지 왔는데 뜻밖의 재난을 당하는 바람에 당고 나리에게 면목이 없고 아무런 죄도 없는 가츠타로를 어쩔 수 없이 죽게 한 고통, 그렇다고는 해도 원망스러운 세상사 당고 나리에게는 다른 아들이 둘이나 있어서 슬픔 속에서도 아픔을 달랠 수 있지만 나에게는 가츠타로 하나뿐. 고향에 있는 어미의 슬픔은 또한 얼마이겠나? 몰려오는 나이의 파고로 가츠타로를 죽게 한 지금, 소망하고 기대할 그 무엇도 없으니 출가해야겠다고 마음을 비운 채 겉으로는 아무렇지도 않은 듯 젊은 도령을 모시고 훌륭하게 에조 구경이라는 대업을 완수한 다음 성주에게 사직을 고하고는 늙은 부인과 함께 출가하여 반슈* 시미즈의 깊은 산중으로 숨었는데 당고가 그 사정을 전해 듣고 뜻에 감명받아 사직을 표하고 처자와 함께 네 사람이 새삼 이 세상에서 살아갈 수 없어 모두 출가하여 가츠타로의 명복을 빌었다니 그 어떤 세상

----

* 　播州: 효고현의 옛 이름.

202

도 무가의 의리만큼 애틋하고 아름다운 것은 없느니.(『무가 의리
이야기』1권, 「함께 수장되고 마니 얼마나 비극인가?」)

다자이 오사무가 그린 인간의 풍경

최재철(한일비교문화연구소·거현산방 한일문화도서관 관장,
한국외국어대학교 전 일본학대학 학장)

다자이 오사무의 생애와 문학

다자이 오사무太宰治(1909~1948)는 일본 현대문학사에서 사카구치 안고坂口安吾(1906~1955) 등과 함께 이른바 '신희작파新戱作派' 혹은 '무뢰파無賴派'로 불리는 작가이다. 그는 자신의 체험과 내면을 노골적으로 드러내는 '자기파멸형 사소설'의 대표 작가로 꼽힌다.

다자이는 일본 혼슈 북단 아오모리현 기타쓰가루군 가나기에서 대지주의 여섯째 아들로 태어났다. 본명은 쓰시마 슈지津島修治이다. 부친은 중의원·귀족원 의원을 지냈고 큰형도 아오모리현 지사였다. 대저택이던 생가는 오늘날 다자이 기념관·사양관으로 남아 있으며, 그의 딸인 쓰시마 유코津島祐子 역시 소설가로 활동했다.

1930년 히로사키 고등학교를 졸업한 뒤 도쿄제국대학 불문과에 입학했으나 학업을 마치지 못하고 중퇴했다. 젊은 시절 좌익 운동에 참여했지만 좌절을 겪었고, 게이샤 하쓰요와의 결혼

문제로 집안의 반대를 사면서 본가에서 제적되기도 했다. 이러한 경험은 이후 그의 작품 세계에 깊은 그림자를 드리운다.

일본의 문학평론가 오쿠노 다케오奧野健男(1926~1997)는 전후 세대에게 다자이가 특별한 의미를 지닌 작가였다고 자신의 문학청년 시절을 회고한다. 패전 이후의 허탈과 혼란 속에서 다자이의 글은 독자의 마음속 깊이 스며들어 존재의 근거와 삶의 이유를 대신 말해 주는 듯한 힘을 지니고 있었다는 것이다.

다자이 문학을 이해하는 데 중요한 요소로 흔히 세 가지가 지적된다. 첫째는 그가 태어나 자란 쓰가루라는 지역적 배경이다. 쓰가루는 혹독한 기후에 가난했던 변방의 땅이지만, 전통적인 중앙문화와 달리 강한 생명력과 해학 그리고 반골적인 기질이 살아 있는 지역으로 알려져 있다. 둘째는 대지주 가문이라는 특수한 성장 환경이다. 풍족한 생활 속에서도 가족과의 정서적 거리감은 그에게 깊은 고독을 남겼다. 셋째는 여섯째 아들이라는 위치에서 비롯된 주변적 자의식이다. 이러한 요인들이 복합적으로 작용하여 다자이 특유의 예민한 감수성과 자의식을 형성했다.

다자이는 대학 1학년 21세 때 소설가 이부세 마스지井伏鱒二의 문하에 들어가 사사했다. 1932년(23세) 단편 「추억」을 집필하고, 1933년 「열차」, 「어복기魚服記」 등을 발표하여 작가로서 이름을 알리기 시작했다.

그러나 그의 삶은 끊임없는 방황과 불안 속에서 이어졌다. 여러 차례 자살을 시도했고, 약물 의존으로 정신병원에 입원하기도 했다. 1936년 발표한 「HUMAN LOST」는 훗날 그의 대표작

『인간 실격』으로 이어지는 작품의 원형이라 할 수 있다.

태평양전쟁 패전 이후 다자이는 전후 일본 사회의 허무와 몰락을 예민하게 포착한 작품들을 발표했다. 특히 1947년에 발표한 장편 『사양斜陽』은 몰락해 가는 귀족 가문의 이야기에서 전후 일본 사회의 붕괴를 상징적으로 그려 큰 반향을 불러일으켰고, 한때 '사양족斜陽族'이라는 말이 유행할 정도였다.

1948년에는 단편 「굿바이」를 발표했으며, 이를 끝으로 약 15년에 걸친 창작 활동은 막을 내리게 된다. 같은 해 연인과 함께 도쿄 다마가와 상수원에서 생을 마감했다. 그의 나이 서른아홉이었다. 짧은 생애였지만 다자이 오사무의 작품은 전후 일본인의 불안과 허무 그리고 인간 존재의 고독을 가장 솔직하게 드러낸 문학으로 오늘날까지 널리 읽히고 있으며 특히 『인간 실격』의 주인공의 인물 조형에 작가의 생애가 구체적으로 녹아 있다.

언젠가 도쿄 문학산책으로 필자의 전공 작가인 모리 오가이森鷗外 문학비를 찾아 미타카三鷹시 젠린지禅林寺에 갔었는데, 그 옆에 더 큰 다자이 오사무의 비석이 있었고, 그의 기일(오토기/桜桃忌/앵두기) 전후라서 그런지 그쪽에는 꽃다발이 놓여 있었다.

그리고 전후 작가, 그것도 다자이 오사무 전공자인 안도 히로시安藤宏 교수가 도쿄대학 일본문학과에 전임 교수로 부임한 것 자체를 하나의 충격으로 받아들인 때가 있었다. 그의 저서 『自意識の昭和文学』(자의식의 쇼와문학-'현상으로서의 〈나〉', 1994)을 받아보고, '자의식'이라는 키워드로 다자이 오사무의 『인간 실격』 등 일본 현대문학을 새롭게 조망한 연구내용을 통해 다자이 이해에 한 발 다가설 수 있었다.

다자이 오사무는 「나의 반생을 말하다」(1947)에서 '출생과 환경', '문단 생활', '선배·좋아하는 사람들', '나는 기인이 아니다' 등 걸어온 길을 진솔하게 적어두었다.

지방의 부잣집에서 여러 형제 중 끄트머리에 태어난 것, 그래서 아무런 부자유 없이 자라 세상 물정 모르는 부끄럼쟁이가 되어 버렸는데, 남들에게 자기가 그걸 자랑하고 있는 것처럼 보이지나 않을까 신경이 쓰였다고 한다.

"나는 거의 타인에게는 만족스럽게 말을 할 수 없을 정도로 연약한 성격으로 생활력도 영에 가깝다고 자각하고 유소년 시절부터 지금까지 지내왔습니다. 그러니까 나는 오히려 염세주의라고 해도 될 듯 그다지 살 의욕을 느끼지 못한다, 단지 일각이라도 빨리 이 생활의 공포로부터 도망치고 싶다, 이 세상에서 작별하고 싶다는 것만 어릴 적부터 생각하고 있는 그런 성격이었습니다."(「我が半生を語る」, 『太宰治全集』 제10권, 筑摩書房, 1986, 323쪽)

더 이상의 작가소개가 필요 없을 것 같다. '부끄러움이 많은 생애'를 보냈다는 다자이 오사무라는 작가와 『인간 실격』 등의 작품 세계, 주인공 요조를 이해하는 데 작가 자신의 회고담 고백은 많은 것을 말하고 있다.

다자이 오사무와 '약함을 연기하는 인간'

『인간 실격』의 주인공 오바 요조는 어릿광대처럼 '익살 연기'로 얼버무리거나 상황을 모면하곤 하는 눈물겨운 방식으로 인간관계를 이어간다. 요조는 소년 시절 씻기 어려운 상처를 입었다. 인간 생활의 괴로움은 사랑 표현의 곤란함에서 오는 게 가장 크다고 하겠다. 일본의 문학평론가 가메이 가쓰이치로亀井勝一郎(1907~1966)도 「오바 요조」라는 글에서 이 사랑 표현의 치졸함이 인간 불행의 원천이 아닐까라고 말한다. 예민하고 섬세한 감수성을 지닌 자가 당연히 받아야 할 수난이다. 감수성의 희생자, 상처받은 인간, 인간 속에 있으면서 태어날 때부터 이방인. 인간 불신과 인간 공포 끝에 인간을 완전히 단절할 수 없어서 익살 연기로 가장한 광대역은 인생에 대한 그의 슬픈 서비스이다.

일본 근대문학 연구자인 안도 히로시安藤宏(1958~)는 자신의 저서 『다자이 오사무, 약함을 연기한다는 것』에서 『인간 실격』 등 다자이 문학의 포즈(연출), 연기, 희화화, 난센스 유머, 패러디(풍자) 등에 대해 구체적으로 설명한다. 그는 다자이 소설의 문체에 대해 '자의식 과잉의 요설체(이야기체)'와 '여성의 일인칭 독백체'로 구분한다. 이는 다자이 오사무 연구자로 알려진 이소가이 히데오磯貝英夫(1923~2016)가 말하는 허구 이야기인가 고백인가라는 문제 제기와 상통하는 것으로 볼 수 있다.

필자는 도쿄 유학 시절인 1970년대 후반 다자이의 또 다른 대표소설 『사양』이나 『인간 실격』을 읽었을 때 일본에서 이런 소설이 읽히고 유행하는 것이 신기했다. 한국에서는 모범적(?)인 내용의 소설에 익숙하던 터라 첫 창작집 이름이 '만년晚年'에다 '사양', 거기다 '인간 실격'까지! 이런 유의 소설은 한국에 없고, 전공자로서 읽어보기는 하지만 소개하고 싶지도 않고, 읽히지도 않을 것이므로 번역은 아예 생각지도 말아야지 내심 다짐했다.

그러던 것이 언제부터인가(연애와 성개방 풍조가 만연하면서 자유분방한 시대 도래) 우리나라에 다자이 작품이 주요 단편을 포함해 거의 다 소개되었고, 대표 작품은 여러 차례 중복 출간될 정도로 유행하고 있으며, 필자도 작품 해설을 쓰기에 이르렀다. 우리 사회도 많은 변화를 경험하여 독자의 안목과 폭이 넓어졌고 다양성을 수용할 터전이 벌써 준비되어 있었던 것이다.

이와 같은 작품을 이해하려면 태평양전쟁 패전 후 일본의 피폐한 사회상을 고려해야 하고, 다자이의 특이한 성장 과정과 성격, 특별한 체험 그리고 무엇보다 작가 특유의 표현에 유의할 필요가 있다. 특히 일반적 번역 문제로 다자이의 작품에서도 적합한 번역어 찾기가 쉽지 않은 부분이 있다. 예를 들어 전반에 걸쳐 있는 중요한 키워드(열쇠가 되는 핵심어)의 경우, 되풀이되는 어휘의 번역에 좀 더 유의해야 한다. 주인공의 행동 패턴(양식)과 성격을 규정하는 '道化(どうけ)'라는 단어의 번역은 간단하지 않아서 '익살 연기, 광대 노릇, 피에로, 몸개그' 등 다양한 어휘를 동원할 수 있는데, 무엇보다 다자이 문체의 특징인 리듬을 타서 끊고 맺기, 중지법과 연결어 표현 등 그 흐름을 살려서 번역하는 것이 중요하다.

다자이 오사무의 생애와 체험은 『인간 실격』의 주인공 오바 요조라는 인물을 통해 가장 극단적인 형태로 형상화된다.

부끄러움이 많은 생애

"부끄러움이 많은 생애를 보내왔습니다.
나로서는 인간의 생활이라는 것이 짐작되지 않습니다."

다자이 오사무의 『인간 실격』은 「서문」 다음에 이어지는 「제1의 수기」에서 이렇게 시작된다. 부끄러움이 전혀 없는 인생이 어디 있을까만 작가는 수기의 맨 앞에 '부끄러움이 많은 생애'를 강조한다. 그렇다. 이 작품의 주인공 요조처럼 작가 다자이는 굳이 부끄러움을 감추지 않는다.

그러나 여기서 부끄러움은 "잎새에 이는 바람에도 나는 괴로워했다"(「서시」)라는 고백과는 차원이 다르다. 윤동주의 괴로움이 시대와 인생과 자기에 대한 부끄러움에서 연유하는 '하늘과 바람과 별과 시'를 노래하는 겸허함의 소산이라면, 다자이의 부끄러움은 '인간의 생활이라는 것이 짐작되지 않는 생활 부적응'에 대한 고뇌에서 비롯했기 때문이다.

주인공 요조의 '인간 공포'와 '인간 생활 부적응', '소통 불가능'의 징조는 서문의 사진 석 장을 묘사하는 장면에 이미 복선으로 깔려 있다. 이 사진들에서 공통적으로 제시되는 표현은 섬뜩한 혐오스러움, 꺼림칙하며 기묘하고 이상한, 인상이 남지 않고 묘사가 안 되는 얼굴로, 불쾌감을 주어 외면하게 하는 표정이다.

요조는 대부분 인간관계의 두려움을 익살^{道化} 연기로 모면한다.

"그래서 생각해 낸 것이 바로 익살 연기였습니다.

그것은 나의 인간에 대한 마지막 구애였습니다. 나는 인간을 몹시 두려워하면서도 도저히 단념할 수는 없었던 것 같습니다. 그래서 나는 익살 연기를 함으로써 가까스로 인간과 연결이 가능했던 것입니다. 겉으로는 끝없이 웃음 띤 표정을 지으면서도 속마음은 필사적인 그것이야말로 천 번에 한 번 성공할까 말까 한 위기일발의 비지땀 나는 서비스였습니다." (17쪽)

요조가 익살 연기를 하는 이유는 인간을 몹시 두려워하지만 인간에 대한 마지막 구애로서 배려와 필사적인 서비스를 하려는 것이다. 그래서 본래의 자기를 감춘 채 익살 연기로 타자와 최소한의 연결이 가능한 것이다. 요조와는 다르지만 익살꾼의 해학 연기는 우리나라 옛 풍자문학에서 양반과 세태를 꼬집는 어릿광대나 서양 문학 중 셰익스피어의 희곡 『리어왕』의 광대 등에서도 찾아볼 수 있다.

책 속 주인공 요조나 작가 다자이 자신도 때때로 이들과 같이 익살 연기로 과장하거나 엉뚱하게 비틀어 재미있고 자유롭게 내면을 가장한다. 『인간 실격』의 표현 중에도 유머나 난센스, 과장이 보이는 것은 일본 근세 작가 이하라 사이카쿠^{井原西鶴}의 소설(이 책의 「한량」과 「의리」 등)이나 '라쿠고^{落語}(1인 만담)' 등 일본 고전을 읽은 다자이의 또 하나의 성향이 드러났다고 볼 수 있다. 또한 다자이 작품 속 난센스 유머나 연기는 문학의 스승 이부세 마스지에게서 배운 점이기도 하다.

이러한 연기에 대부분 주변 사람은 다 속아 넘어간다. 그런데 체조 시간에 철봉 연습을 할 때 일부러 모래밭에 나가떨어지는 시늉을 한 것을 꿰뚫어 본 '백치 같은 학생' 다케이치가 있다. 그를 어르고 달래려고 자기 방에 데려가 무릎에 눕히고 아프다는 귀를 깨끗이 청소해 주었더니 "너에게 틀림없이 여자가 뿅 갈 거야"라는 '악마의 예언' 같은 말을 한다. 또 하나 "너는 위대한 화가가 될 거야"라는 예언도 한다. 이 일생에 대한 예언으로 요조의 미래를 점쳐주면서 스토리 전개상 복선을 깔고 암시하는 이야기는 일본 문학에서 헤이안(교토)시대의 대표적 산문문학인 『겐지 이야기源氏物語』에서 왕자 겐지源氏의 운명을 예언하는 고려인 박사가 등장하는 데서도 찾아볼 수 있다.

요조는 어릴 적부터 여자들 틈에서 자라 여자를 관찰은 잘하지만, 여자에 대하여 난해하다고 한다. 다자이 소설에 나오는 여자들은 상처 입는 것에 대한 공포가 있거나 거리 두기를 하려는 남자의 의도를 파헤치는 역할을 하는 경우가 종종 있다.

"여자에 대한 수많은 관찰을 이미 나는 어렸을 적부터 할 수 있었습니다만 같은 인류 같긴 하지만 남자와는 또한 완전히 다른 생물 같은 느낌이고 그리고 또 이 불가해하고 방심할 수 없는 생물은 기묘하게 나를 가지고 노는 것이었습니다." (35~36쪽)

두 가지 예언이 이마에 각인된 채 요조는 이윽고 도쿄에 나온다. 아버지는 관리가 되라고 학교에 보냈지만 스스로는 화가가 되고 싶어서 미술학원에 등록한다. 청소년기의 반항기가 발동한 것이다. 미술학원에서 여섯 살 위인 호리키라는 미술학교

학생을 만나 술과 담배, 매춘부와 전당포, 좌익사상을 알게 된다. 학원 근처 카페에 따라간 것이 교제의 시작이었는데, 그는 대뜸 "전부터 너를 주목하고 있었어. 맞아, 맞아. 그 수줍은 듯한 미소. 그것이 장래가 밝은 예술가 특유의 표정이거든"이라고 관심을 표하면서 듣기 좋은 말을 한다. 이렇게 주변에서 그때그때 툭 내던지는 듯한 말 한마디 한마디가 어떤 계기에 청년에게는 중요한 의미를 갖게 한다. 요조가 도쿄에 나와 처음 만난 이 진짜 도회의 무뢰한은 모양은 달라도 역시 이 세상의 인간 삶으로부터 완전히 유리되어 방황하고 있다는 점에서만은 확실히 자기와 동류인 것이다.

"나에게 매춘부라는 존재는 인간도 여성도 아니고 백치라든가 광인처럼 보이며 그 품 안에서 나는 오히려 느긋하게 안심하고 잠을 푹 잘 수 있었습니다. 모두 애처로울 정도로 욕심이라는 것이 손톱만큼도 없었습니다. 그리고 나에게 동류의 친근감이라고도 할 수 있는 느낌이 들었는지 나는 항상 그 매춘부들에게서 거북하지 않을 정도의 자연스러운 호의를 받았습니다. 아무런 타산도 없는 호의, 강매하지 않는 호의, 두번 다시 안 올지도 모르는 사람에 대한 호의. 나는 그 백치라든가 광인 같은 매춘부들에게서 마리아의 찬란한 빛을 현실로 본 밤도 있었던 것입니다." (48~49쪽)

인간에 대한 공포에서 벗어나 미미한 하룻밤의 휴식을 구하려 매춘부들과 노는 사이에 어느새 그에게는 난봉꾼이라는 냄새가 들러붙게 되었다. 자기도 모르는 사이에 스스로는 어느 틈엔가 비합법 마르크스 운동권 학생의 행동대장이 되어 숨 쉴 새도 없이 바쁘게 지내다가 도망쳐 나와 기분이 좋지 않아서 죽을 마음을 먹는다.

요조에게 특별한 호의를 보이는 여자가 셋 있었다. 첫 번째 여자는 그녀 주변에서 냉랭한 늦가을 바람이 일어 낙엽만이 뒹굴고 완전히 고립된 느낌이 드는 츠네코라는 대형 카페 여종업원이었다. 그녀와 가마쿠라 바다에 뛰어들었다가 여자는 죽고 요조만 살아남아 요조는 자살방조죄로 경찰에 연행되었다가 석방된다. 다자이는 1930년 11월 있었던 자신의 동반자살 미수 사건을 소재로 자의식의 인간관계를 세세하게 묘사한 1935년의 단편소설 「광대의 꽃道化の華」을 썼다. 이 소설의 주인공 이름도 『인간 실격』과 같이 오바 요조로 이 작품은 『인간 실격』의 초고라고 할 수 있다.

두 번째는 가마쿠라 사건으로 학교에서 퇴학당한 후 만난 시즈코라는 여자다. 잡지사 기자인 시즈코는 남편과 사별하고 다섯 살짜리 딸과 사는데 요조는 그녀의 아파트에서 동거한다.

"…… 당신을 보면 대개의 여인은 뭔가 해주고 싶어서 전전긍긍하지. 항상 주뼛거리면서도 웃기니 말이야. …… 때때로 혼자서 상당히 침울해하지만, 그 모습이 한층 여자의 마음을 근질거리게 만들지." (89~90쪽)

이 여자가 본 요조의 모습이야말로 다자이 자신의 모습일 것이다. 주뼛주뼛 두리번거리며 웃기고 연약해 보이는 연기가 통하

214

기도 하며 홀로 이따금 고뇌에 찬 모습을 보일 때 왠지 여자의 보호 본능을 자극하여 다가가게 하는 것이다. 어느 날 호리키가 찾아와서 "그러나 너의 계집질도 이쯤에서 접어야 할 거야. 이 이상은 세상이 용납하지 않을 테니까"라고 한다. 시즈코와 1년 이상 함께 살다가 벚꽃이 질 무렵 그녀 곁을 떠났다. 그리고 스탠드바 2층에서 바의 마담과 기둥서방처럼 빈둥대며 지낸다.

"또한 나도 '세상'에 대해 아무런 변명도 하지 않았습니다. 마담만 이해한다면 그것으로 만사가 오케이였습니다.
나는 그 가게의 손님 같기도 하고 점주 같기도 하고 발 빠른 점원 같기도 하고 친척 같기도 해서 옆에서 보면 도저히 정체를 알 수 없는 존재였을 터임에도 '세상'은 조금도 이상히 여기지 않고 자연스럽게 가게의 단골들도 나를 요짱, 요짱이라 부르며 상당히 부드럽게 다루고 게다가 술을 마시게 해주는 것이었습니다.
나는 세상에 대해 점차 경계심을 풀었습니다. 세상이라는 곳이 그다지 두려운 곳은 아니라고 생각하게 되었습니다." (98~99쪽)

이 장면은 마치 우리나라 작가 이상의 소설 『날개』(1936)의 주인공을 연상하게 한다. 술과 담배, 수면제에 의지하고 여자에게 얹혀사는 연약하고 고독한 예술가 타입의 남자다.
세 번째 만난 여자는 처녀 요시코다!

"하지만 그 무렵 나에게 술을 끊으라고 권하는 아가씨가 있었습니다.
"안 돼요. 매일 대낮부터 술에 절어 계셔."

술집 건너편 작은 담뱃가게의 열일고여덟 살쯤 되는 아가씨였습니다. 요시짱이라는 얼굴이 희고 덧니가 난 여자였습니다. 내가 담배를 사러 갈 때마다 웃음을 띠며 충고하는 것이었습니다." (103~104쪽)

어쩌면 인생의 가장 아름다운 순간, 행복한 시절을 만나 심기일전하여 청순한 소녀와 결혼하고 평온한 생활을 꿈꾼다.

"츠키지 스미다강 근처 2층 목조주택의 작은 아파트 아래층을 빌려 둘이 살며 술은 끊고 서서히 내게 일정한 직업이 될 듯하던 만화 일에 정성을 쏟으며, 저녁 식사 후에는 둘이 영화를 보러 가고 돌아오는 길에는 찻집 같은 곳에 들르거나 또한 화분을 사거나 아니 그것보다도 나를 완전히 믿어 주는 이 작은 신부의 말을 듣고 행동을 보는 것이 유쾌했습니다. 혹시 나도 어쩌면 조금씩 인간다운 존재가 되는 일이 가능하고 비참한 죽음을 겪지 않고도 지낼 수 있을까 하는 안일한 생각을 어렴풋이 가슴에 따스하게 품기 시작하던 차에 호리키가 내 앞에 나타났습니다." (107쪽)

하지만 아름다움도 행복도 한순간이다. 순진무구, 그래서 오히려 더 커다란 문제가 발생한다. 방심한 순간 티 없이 맑은 '신뢰의 천재' 요시코가 잡지사 남자와 육체관계를 맺는 장면을 목격한 요조는 몸서리쳐지는 공포와 불신, 깊은 상처에 절망한다.

"나는 홀로 도망치듯 옥상으로 뛰어올랐고 고꾸라지듯 눕고는 비를 머금은 여름밤 하늘을 올려다보았습니다. 그때 나를 엄습한 감정은 분노도 아니고 혐오도 아니고 또한 슬픔도 아니고 몸서리쳐지는 공포였습니다. 그것도 묘지의 유령 따위에서 느끼는 공포가 아니고 신사의 삼목 숲에서 하얀 옷을 걸친 고신타이와 맞닥뜨렸을 때 느끼는 감정인지도 모를 틀림없이 매우 난폭한 공포감이었습니다. 나의 젊은 백발은 그날 밤에 시작되고 결국 모든 일에 자신을 잃고 급기야는 타인을 끝없이 의심하고 이 세상의 삶에 대해서 모든 기대감, 기쁨, 공명 따위와 영원히 이별하게 되었습니다. 정말로 내 생애에서 결정적인 사건이었습니다. 나는 이마 한가운데 미간을 찢겼고 그래서 그 이후 그 상처는 어떤 인간이든 접근해 올 때마다 욱신거렸습니다." (116쪽)

요조는 '신뢰는 죄인가!'라고 신에게 묻는다. 비참함 속에서 방황하며 우울과 불안, 공포를 잊고자 술을 많이 마시고 수면제를 과다복용하고 불안과 초조로 모르핀 주사를 과다 사용하기에 이른다. 결국 요조는 정신병원에 입원하는 처지가 된다.

"당장 이곳에서 나가더라도 나는 역시 광인, 아니 폐인이라는 각인이 이마에 찍히겠지요.
인간, 실격.
이미 나는 완전히 인간이 아니게 되었습니다." (131쪽)

요조는 마지막에 자신이 폐인이나 다름없는 인간 실격자임을 선언한다. 익살 연기의 의식과 죄의 의식, 자의식 과잉의 주인공의 말로가 처연하다. 동반자살 시도로 여자만 죽음에 이르게 하기를 두어 번 그리고 끝내 젊은 나이에 스스로도 생을 마감하기에 이르는, 결국 폐인, '인간, 실격'으로 끝난다.

『인간 실격』 속의 이러한 술과 여자, 방탕, 마약, 약물중독 등 데카당스한 삶과 동반자살 사건 등은 작가 자신의 이야기에 바탕을 둔다. 그야말로 '사소설'이다.

「제3의 수기」 끝부분에서 요조는 그러한 원인을 아버지 탓으로 돌린다. 어릴 적에는 '아버지라는 그립고 무서운 존재'의 영향이 지대하다. 파더 콤플렉스, 거기서 벗어나려는 몸부림으로 반항하며 퇴폐적인 생활로 치달았는지도 모른다.

"말 그대로 폐인.

아버지가 죽었다는 사실을 알고 나서 나는 결국 맥이 빠지게 되었습니다. 아버지가 이제는 없다. 내 가슴에서 한순간도 떠난 적이 없는 그 그립고 두려운 존재가 이미 존재하지 않는다. 나의 고뇌라는 항아리가 텅 빈 듯한 느낌이 들었습니다. 나의 고뇌라는 항아리가 턱없이 무거웠던 사실도 그 아버지 탓이었던 것은 아닐까 생각되었습니다. 완전히 긴장이 풀어졌습니다. 고뇌하는 능력까지 잃었습니다." (132쪽)

그런데 아버지의 죽음으로 자유를 얻었다고 생각했는데…… 바로 그 순간 '자기의 고뇌의 항아리'가 텅 비게 된 듯한 느낌을 받게 될 때의 허탈감이란……. 모든 걸 '아버지 탓'으로 돌리다가 '고뇌하는 능력'조차 잃어버리고 말았다는 허전함은 무엇에도 견줄 수 없을 것이다.

「후기」 마지막에서도 예전 스탠드바의 마담은 요조 아버지가 문제였다고 요조를 두둔한다.

""그 사람의 아버지가 나빠요."

아무렇지도 않은 듯이 그렇게 말했다.

"우리가 알고 있는 요짱은 아주 순수하고 세련된 데다가 술은 입에도 안 대는가 하면, 아니 마신다고 해도 …… 하나님 같은 좋은 아이였어요.""(137쪽)

제3자의 시점을 빌려서 요조를 객관화하면서 이 모든 이유를 '아버지 탓'으로 돌리고, 자기변호의 말로 마치는 인간의 연약함은 너무나도 인간적이며 좋은 인상으로 남고 싶은 욕망의 표출, 아니, 그래야 자기 구제가 가능할 것이다.

인생에는 회한이 따르게 마련이고, 또 그 후회로부터 버틸 힘은 자기변명이거나 자기 고백에서 찾을 수밖에 없기에 실은 요조도, 다자이도 이 「후기」에서 남의 입을 빌려 진짜 고백을 하는 셈이다.

문학평론가 오쿠노 다케오는 「제3의 수기」에 관하여 인간에 대한 사랑과 신뢰를 추구하려다가 좌절·패배해가는 과정에서 소외된 인간의 눈을 통해 사회의 위선과 인간의 본질적인 악, 즉 비열함, 인색함, 에고이즘, 무의식적 폭력, 추함, 비인간성을 표현하고 있다고 평한다.

"지금 나에게는 행복도 불행도 없습니다.

그저 모든 것은 지나갑니다.

나는 지금까지 아비규환으로 살아온 이른바 '인간'의 세계에서 딱 하나 진리답게 생각된 것은 그것뿐이었습니다.

단지 모든 것은 지나갑니다." (133쪽)

처음에는 도통 짐작되지 않던 인간의 생활이란 것도 그저 모든 것은 지나가고, 행복도 불행도 모른 채 인생도 끝난다. 이 단순한 진리를 발견하기까지 아비규환의 지옥 같은 인간 세상을 체험하며 그 허다한 우여곡절을 겪은 것이다.

「후기」는 일본 군부가 노골적으로 설치기 시작한 1935년경 이후 전쟁으로 도쿄 공습과 피난, 패망, 환멸의 시대 상황, 그 패전 시기에 다방에서 우연히 만난 이전 교바시 스탠드바의 마담이 수기 노트 세 권과 사진 석 장(「서문」 참조)을 건네며 그 유래를 밝히는 내용으로 되어 있다. 「서문」에서 제기한 사진 석 장에 대한 유래 설명은 슬쩍 끼워 넣은 것 같으면서도 뭔가 진실을 밝히는 역할을 한다. 그리고 제1, 2, 3의 수기에서 이야기를 전개하고 「후기」에서 마무리 정리하는 형식을 취한다.

『인간 실격』 「제3의 수기」에는 일본 근대문학사에 본격적인 첫 번역시집 『해조음海潮音』(1905)을 낸 우에다 빈上田敏의 사후 출판 역시집 『목양신牧羊神』(1920) 중에서 프랑스 시인 기 샤를 크로Guy Charles Cros의 시 「세상 어떤 사람들에게는…」의 일부를 적절히 인용하고 있는데, 이는 작가의 독서 체험을 반영하면서 작품의 내용 전개와 문장 표현에 비애감의 윤기를 더하고 있다.

다자이 오사무의 후지산 찬가 「후지산 백경」

후지산富士山의 다양한 모습에 작가 스스로의 상념과 실생활,

예술관을 비춰본 「후지산 백경」은 1938년 가을에 집필한 수필식 사소설이다. 후지산 조망의 명소인 야마나시현 고후 미사카재의 찻집에 머물며 새로운 문학을 추구하는 작가 '나'의 이야기이다. 이 찻집 2층에서 집필 작업하던 작가 이부세 마스지의 소개로 고후의 여성과 혼담을 진행하면서 후지산에 작가의 마음을 투영한다. 도회의 먼지와 세속을 떠나 후지산의 여러 모양을 조망하며 문학면에서나 생활면에서 신생을 추구하는 작가의 면모를 읽을 수 있다.

미사카재에서 보이는 후지산의 조망에 대해 다자이는 "대중탕의 벽에 페인트로 그린 그림 같다"라고 평하는데, 일본의 도시나 지방마다 있는 작은 대중탕 벽에는 대개 후지산 그림이 그려져 있다. 여러 차례 화산 폭발로 생성된 일본에서 가장 높은 후지산(3,776m)은 1707년 대분화 이후 현재 휴화산이며, 사방에서 보아도 거의 같은 모양이다. 일본인의 신앙과 문학예술의 상징적 장소로, 2013년 유네스코 세계문화유산에 등재되었다.

미사카재 옆에 「후지산 백경」의 "후지에는 달맞이꽃이 잘 어울린다"라는 글귀를 적은 문학기념비가 세워져 있다. 수필풍 소설인 「후지산 백경」은 다자이의 후지산 찬가이기도 하다.

"소박한 자연 그대로의 것, 따라서 간결하고 선명한 것, 그런 것을 단번에 포착해서 그대로 종이에 옮겨 쓰는 일, 그보다 괜찮은 것은 없다고 생각하고 그렇게 생각할 때는 눈앞 후지의 모습도 특별한 의미로 다가온다. 이 모습과 표현은 결국 내가 생각하고 있는 '단일 표현'의 아름다움인지도 모른다며(…)" (158쪽)

순수하게 글을 쓰려고 다자이 자신이 세계관과 예술, 문학의 새로움에 대해 번민할 때, 눈앞의 후지산을 찬찬히 바라보고는 특별한 의미를 발견한다. 후지의 모습과 같이 소박한 자연 그대로 간결하고 선명한 것을 단번에 포착한 표현이야말로 결국 다자이가 추구하는 '단일 표현'의 아름다움이었다.

일본 고전 속 해학과 풍자의 재해석

「한량」과 「의리」는 에도시대의 대표적 소설가인 이하라 사이카쿠井原西鶴(1642~1693)의 옛이야기 원전을 다자이 오사무가 재해석한 『새 해석 여러 지역 이야기新釋諸國噺』 속 단편이다. 이 중에는 우리나라의 '전설 따라 삼천리' 같은 끔찍한 이야기나 재미난 이야기도 있다.

「한량粹人」(1945)은 사이카쿠의 서민(주로 상인)들 이야기를 담은 『세상 속셈世間胸算用』(1692) 중 「거짓말도 공짜로는 듣지 않는 술집」이라는 우스운 이야기[笑話] 원전을 재해석한 소품이다. 섣달 그믐날 빚쟁이에게 쫓기는 사내가 집을 몰래 빠져나와 술집에 가서 오히려 부자 행세를 하다가 가진 돈 전부와 겉옷, 단도 등을 몽땅 털린다는 우스운 이야기다. 여기서도 연말정산에 쫓기는 상인사회의 풍속도를 그린 유머와 교훈, 세태풍자가 돋보인다.

「의리義理」(1944)는 에도시대 번주의 자제를 수행하여 여행에 나선 무사 이야기이다. 친구 부탁으로 여행 갈 때 그의 망나니 아들을 데리고 가다가 망나니짓 탓으로 그를 익사시킨 후 친구와의 '의리' 때문에 자기 아들도 죽게 하고 부부가 함께 출가한다는 이야기로 '의리를 중시하는 무사상'을 그린 소품이며, 한편으로는 황당무계함으로 무사 사회의 문제점을 희화화한 작품이다.

　다자이는 사이카쿠를 세계에서 가장 위대한 작가라며 프랑스 작가 프로스페르 메리메Prosper Mérimée(1803~1870)나 프랑스 소설가 기 드 모파상Guy de Maupassant(1850~1893)보다 낫다고 평가한다. 그리고 그의 훌륭함이 더 깊이 신용받기를 기대하면서 원전에 자신의 공상을 가미하여 자유롭게 창작했다고 한다. 기울어가는 전쟁 속 일본의 비상시국, 현실을 직접 비판하기 어려운 마당에 고전에서 재료를 취하여 패러디한 번안물은 다자이가 유머와 페이소스를 구사하며 스스로 찾은 돌파구였을 것이다.

　사이카쿠의 작품 유형 중에 '무사 의리 이야기'나 '서민(상인)들 이야기' 등을 좋아한 다자이는 '호색적 이야기'는 착상이 진부하여 좋아하지 않는다고 말한다. 이는 여러 여자와의 이야기를 작품 속에서 형상화한 다자이로서는 좀 의외이긴 하지만, 사이카쿠의 '호색녀 이야기'나 '호색한 이야기' 등 '호색물'의 애욕 생활 묘사에 만족하지 못한 것 같다.

글로 쓴 작가의 자화상,
내면의 심연을 고백하는 유서

김용안(한양여자대학교 실무일본어과 명예교수,

전 한국일본근대문학회 회장)

1948년 초여름, 소설 『인간 실격』의 등장과 함께 일본 문화계를 발칵 뒤집는 사건이 숨 가쁘게 펼쳐졌다. 다자이 오사무는 이 소설을 그해 5월에 탈고했고, 약 1개월 뒤 총 3회분의 기획 중 잡지 『덴보展望』 6월호에 1회분이 실려 세상에 나왔다.

"다자이 문학에서 최고봉을 보여주게 될 것이다. 전후 현실 속에서 이 작가의 문학이 얼마나 생생하게 빛을 발했는지 누구나 잘 아는 사실이지만 이 작품만큼 자신을 완전히 토로한 적은 없을 것이다"라는 편집후기를 보면 이 소설이 다자이 문학의 완결편임을 능히 짐작할 수 있다. 하지만 6월 13일에 작가가 다마강 상수원에 투신했고, 6일 만인 19일에 시체가 발견되었다. 그것도 패전 후 독자로부터 전폭적인 신뢰를 받아온 작가가 자살로 삶을 마감한 것이다. 잡지에 1회분이 실리고 난 후 사건이 벌어졌으니 독자들은 심한 충격과 당혹감 속에서 눈에 불을 켠 채 숨죽여가며 2회분, 3회분에서 작가의 자살을 읽어내려고 했을 것이다. 예술성 여부를 떠나 이 소설의 시작부터 이슈가 난무하고 메가톤급의 센세이션을 일으킨 것이다. 『인간 실격』은 세상에 나온 지 거의 80년이 되는 지금도 일본에서는 물론 한국, 미국, 캐나다 등지에서도 여전히 인기가 식지 않는 스테디 밀리언 셀러이다. 그 이유가 다양하겠지만 번역자로서 이 소설에 대한 독자의 이해를 돕고자 네 가지 키워드로 그것을 찾아보려고 한다.

첫째, 소설 제목의 임팩트와 파괴력이다. 참신함과 진부함이 동시에 묻어나는 이 '인간'과 '실격'이라는 단어 조합 자체가 인간이라면 누구나 반추해 볼 만한 근원적인 화두이면서 한편으로는 뭔가 속내를 들킨 듯한 느낌마저 들게 한다. 이것이 마침내 독자의 호기심을 자극하고 이 제목의 소설 내용에 궁금증을 폭증하는 뇌관 같은 어휘가 된다.

둘째, 이 작품이 글로 쓴 작가의 자화상이며 내면의 심연을 고백하는 유서를 대신한다는 점이다. 작가는 부유한 가문 태생으로 부러움의 대상이었지만, 가난한 농민의 전답을 몰수하면서 급속히 성장한 고리대금업으로 벼락부자가 되었다는 이면의 사실에 큰 충격을 받는다. 이를 외면한 채 부를 향유해도 되었지만 작가의 양심은 이런 삶을 용인하지 않았다. 그는 한때 공산주의에 심취하거나 데카당스적 향락에 빠지기도 하지만 환멸로 끝나고 결국 양심의 가책으로 자신이 소멸되어야 할 대지주의 자식이라는 자각에 이르며, 자멸하는 것이 사회에 대한 유일한 봉사라고까지 생각하게 된다. 이런 자각이 이 소설에서 주인공의 성향으로 흘러 들어간다.

『인간 실격』은 '요조의 수기'라는 형식을 취하고 있지만 요조라는 주인공은 작가의 원체험을 많이 공유하고 있으며 작가의 이른바 가면 고백에 최적화된 모델로 재구성된 작가의 대역이라 할 수 있다. 작가는 이 소설을 집필할 당시에 이미 삶을 스스로 마감하겠다는 결심을 굳혔던 것 같다. 이 소설로 고별사를 대신하려 했으니 더 절박하게 실존 문제와 마주했을 것이며 그러기에 독자들도 작가와 똑같은 코드로 이 소설에 깊이 몰입할 수 있다. 소설에서 주인공은 천부적인 순진무구함을 잃지 않은 채 세상과 타협 없이 일정한 거리를 두며 철저한 아웃사이더로 초지일관한다. 자신을 굽히는 것이 아니라 생존의 방편으로 '익살 연기'라는 세상에 대한 구애의 서비스를 하며 위악적인 자학의 삶으로 무너져가면서도 자신만의 정체성을 눈물겹게 고수해 간다.

이 한결같은 고독한 투혼에 깊이 공감하며 열광하는 독자도 있는가 하면 이 책을 바이블처럼 늘 곁에 두고 수시로 음미하는 독자도 있고 이 소설을 문학적 모본으로 삼는 작가 지망생도 있다.

하지만 읽는 내내 울적한 응어리가 출구를 찾지 못하고 체증처럼 막힌 채 끝맺는 동맥경화 같은 기담이라거나 주인공의 여성 편력과 일탈된 삶을 엽기적 기행이라며 이 소설을 잿빛 괴담이라고 폄훼하는 독자도 있다. 독자의 숫자만큼이나 천차만별의 감상이 속속 출현하는 것은 서사 미학이 예사롭지 않음을 방증하는 현상이다. 이 소설을 한마디로 명명한다면 명작이라기보다는 화제작, 문제작이라는 이름이 더 어울린다. 그래도 패전 후의 허탈이나 혼미함 속에서 많은 청년이 자신의 존재근거나 살아가는 이유를 다자이 문학에서 구하려 했다는 것만은 팩트이니 그의 자살은 예상 밖의 패러독스가 아닐 수 없다.

셋째, 이 소설은 내용이 쉬운데다가 작가의 유려한 입담으로 이끄는 서사가 흥미진진하여 한번 읽기 시작하면 중간에 놓지 않고 끝까지 읽을 수 있는 중편소설이라는 점이다. 더구나 이 소설에서는 세태와 섞이지 않는 주인공의 반골적인 외곬 시선이 위선으로 가득한 인간의 에고이즘은 물론 상반된 두 얼굴을 감춘 여성의 가면을 통렬하게 벗기거나 주인공 자신의 완벽한 연기까지 처절하게 발각당하는 등 번뜩이는 반전이 곳곳에 숨어 있다. 페르소나를 벗겨내는 이런 유의 삽화는 시공간을 초월하며 불후의 생명력으로 하나하나가 과거 진부한 이야기가 아니라 활어처럼 생생한 현장감이 넘쳐 독자는 언뜻언뜻 소설 속에서 자신을 발견하기도 하고 독서의 묘미가 동반된 카타르시스를 얻기도 한다. 일본 혼슈의 북쪽 끝자락에서 혹한과 폭설에 파묻혀 칩거할 수밖에 없었던 츠가루 사람들이 긴긴밤을 난롯가에서 보내며 두런두런 나누던 대화체가 있다. 특유의 유머에 친근하고 설득력 넘치는 츠가루고타루라는 화법인데, 이것이 하나의 브랜드처럼 전통을 갖게 된 것은 유명하다. 작가는 이 전통의 백미를 유감없이 발휘하며 독자의 공감을 얻는데, 그것이 시류와 국경까지 초월하고 있다고 생각한다.

넷째, 주인공은 절체절명의 순간에 인간 실격이라고 선언하는데 그것이 선언이라기보다는 독자에게 던지는 준엄한 질문으로 읽힌다는 점이다. 누가 인간 실격인가? 요조 자신인가? 요조를 둘러싼 주변인인가? 진정한 의미에서 인간 실격은 무엇이고 과연 인간 합격이라고 주장할 수 있는 인간은 존재하는가?

이와 함께 이 소설에서는 유력 단어들에 성을 부여하거나 반대어·동의어, 희극·비극, 긍정·부정의 의미를 조명해 가는 장면이 있는데 이것은 단순한 언어유희가 아니라 언어 연금술로 단어가 갖고 있는 관념을 허물고 작가가 지향하는 지평으로 독자를 이끌어 가는 여정이다. 작가는 소설화된 언어가 마법을 갖는다는 것을 알고 있다. 이 소설 전체 정서적 기류가 궁극적으로는 고백의 정서이지만 직설화법이 아니라 손쉽게 진의가 파악되지 않는 암유의 퍼즐이다. 그래서 본래 갖고 있던 꽃, 악, 죄, 벌, 사랑, 하나님이라는 단어들이 상투적인 의미를 벗고 독자에 따라 수많은 의미로 새롭게 다가온다.

「후지산 백경」은 작가가 가장 안정되게 생활하며 건강하게 글을 쓸 때 집필한 작품으로 실생활이 삽입된 작가의 자유분방한 사유가 돋보이는 수필풍 작품이다. 후지산이 일본의 대표적 상징이기도 하지만 후지산을 접하는 작가의 시선이 상당히 이채롭고 기발하다. '너무나도 맘에 들지 않았다. 판에 박은 후지이다'라는 묘사가 있는가 하면 '후지가 싱그러움이 넘쳐흐르듯 푸르렀다'는 묘사도 있다. 후지라는 하나의 피사체에 대한 판이한 묘사로 급류처럼 변화무쌍한 작가의 심상 풍경을 읽을 수 있다.

'후지산과 당당하게 맞대응하고 서서 꿈쩍도 하지 않는 금강불괴의 꽃, 갸륵하게 우뚝 서 있는 달맞이꽃은 눈부셨다'는 대목에선 거대한 신비(후지산) 앞에서 작가 자신을 달맞이꽃으로 비유한다. 그야말로 경쾌하고 자신감 넘치는 패러디가 돋보인다.

「한량」과 「의리」는 이야기 대국 일본의 옛이야기(작가가 존경하던 에도시대 최고의 작가 이하라 사이카쿠井原西鶴 원작)가 작가의 손길로 재탄생된 작품(신샤쿠쇼코쿠 바나시新釈諸国噺, 1945)으로, 전자가 질펀한 해학이라면 후자는 일본 아니고는 상상할 수 없는 무사도이다. 인간 생명의 존엄성보다 상위에 두는 형해화된 무사들의 도덕률을 도마 위에 얹는 신랄한 풍자가 압권이다.

세 편 모두 일본 특유의 향을 느낄 수 있어 일본인의 실체에 접근하는 데 도움을 줄 것이라고 여겨져 이 책에 실었다.

다자이 오사무 연보

1909년 6월 19일 아오모리현 쓰가루에서 대지주 가문의 여섯째 아들로 태어났다. 본명은 쓰시마 슈지(津島修治)다.

1923년 중학생 때 잡지 『학생문예』에 글을 투고하며 문학에 관심을 확장했다.

1927년 히로사키 고등학교(구제)에 입학했으며 아쿠타가와 류노스케 문학에 깊은 영향을 받았다. 동인지 활동과 프랑스 문학 독서가 본격화되었다.

1930년 도쿄제국대학 불문과에 입학했으나 연속적인 자살 시도와 가출 등 파행적 생활이 시작되었다.

1933년 단편 「열차」를 발표했으며 이때 처음으로 '다자이 오사무'라는 필명을 사용했다.

1935년 단편 「선생님과 도서관」과 「어릿광대」를 발표했다. 단편 「역행」이 아쿠타가와상 후보로 지명되었으나 수상하지는 못했다.

1936년 첫 단편집 『만년(晩年)』을 출간하며 문단에서 작가로서 입지를 확보했다.

1937년 장편 풍자극 『새로운 복음서』를 집필했다.

1938년 단편 「어머니」, 「여학생」 등 여성·자전적 시점의 작품을 발표했으며 이부세 마스지의 소개로 이시하라 미치코와 결혼했다.

1939년 대표 단편집 『여학생』을 발표했으며 독백체 서술과 섬세한 심리 묘사로 주목받았다.

1940년 장편 『만년』을 집필했다.

1941년 전시라는 시대 상황 속에서도 인간의 신념과 우정을 담은 단편 「달려라 메로스」를 발표했다. 메로스가 친구를 구하기 위해 목숨을 걸고 달리는 이야기 속에서 정의와 신의, 인간적 용기가 힘있게 드러나며, 국민적 사랑을 받는 대표작으로 자리 잡았다.

1942년 자기 고향을 여행하면서 쓴 기행문 형식의 『쓰가루』를 발표해 문학적으로 상당히 높은 평가를 받았다.

1944년 일본 설화를 현대적으로 재해석한 동화집 『어리석은 아이』를 발표했다.

1945년 전쟁 말기, 도쿄 대공습을 겪고 가족과 피란했으며 폐병이 악화되었다.

1946년 「사양」 집필을 시작했다. 한 해 동안 작품을 15편 발표하는 등 왕성하게 활동했다.

1947년 발표한 장편 『사양(斜陽)』이 전후 일본 문학을 대표하는 문제작으로 큰 반향을 일으켰다.

1948년 「앵두」와 장편 『인간 실격』을 발표했다. 단편 「굿바이」 연재를 시작했으나 미완으로 남았다.

1948년 6월 13일, 연인 야마자키 도미에와 도쿄 다마가와 상수원에서 동반 자살했다. 향년 39세였다.

인간 실격

초판 1쇄 발행 2026년 05월 06일

지은이 다자이 오사무
옮긴이 김용안
펴낸이 최훈일

펴낸곳 시간과공간사
출판등록 제2015-000085호
등록연월일 2009년 11월 27일
주소 (10594) 경기도 고양시 덕양구 통일로 140 삼송테크노밸리 A동 351호
전화번호 (02) 325-8144(代)
팩스번호 (02) 325-8143
이메일 pyongdan@daum.net

ISBN 979-11-90818-47-6 (04080)